너는 어떤 꽃을 피울래?

김승희 지음

너는
어떤 꽃을
피울래?

발 행 일	2025년 8월 15일
지 은 이	김승희
편 집	권 혁
디 자 인	김현순
발 행 인	권경민
발 행 처	한국지식문화원

출판등록	제 2021-000105호 (2021년 05월 25일)
주 소	서울시 서초구 서운로13 중앙로얄빌딩 B126
대표전화	0507-1467-7884
홈페이지	www.kcbooks.org
이 메 일	admin@kcbooks.org
ISBN	979-11-7190-142-5

ⓒ 한국지식문화원 2025
본 책 내용의 전부 또는 일부를 재사용하려면
반드시 저작권자의 동의를 받으셔야 합니다.

너는
어떤 꽃을
피울래?

김승희 지음

우리 아이
성장을 위한 안내서

자녀의 성장을 이끄는 부모의 역할

한국지식문화원
BOOK PUBLISHING

추천의 글

아이를 낳아 잘 키우는 일은 부모에게 큰 축복이자 행복을 주는 일이며 동시에 사회 유지와 국가 존속을 위해서도 필수적인 일입니다. 한국은 세계가 주목하는 나라로 발전되었지만, 현재 한국 사회는 초저출산고령화사회라는 불균형적 인구구조로 인해 미래의 국가 존속까지도 염려할 위태로운 수준에 와있습니다. 부모는 아이를 낳고 기르는 과정에 대한 부담이 너무 크다고 느끼고, 아이들은 자신이 행복하지 못하다고 느낍니다. 특히 최근 들어 사회가 너무 급격히 아주 다양하게 변화하고 있습니다. 양육 환경과 교육환경도 과거 부모 세대나 선배 세대들이 미처 경험해보지 못한 환경이어서 쉽사리 도움을 얻기 어려울 뿐 아니라 정답을 알고 있는 사람도 없습니다.

이렇게 어려운 때에 아이의 소중함을 일깨우고, 불안해하는 부모를 가슴으로 안아주는 이 책을 반갑게 만나보았습니다. 이 책의 저자인 김승희 원장님은 유치원 현장에서 35여 년간 매일 아이들과 함께 지내며 수많은 아이들과 부모님들을 지켜보고 가르치면서 살아오신 분입니다. 이 책 제목 '너는 어떤 꽃을 피울래?'에서 보여주듯이 김승희 원장님은 아이들의 교육에서는 철저하게 아이의 생각과 입장에서 출발하고 있습니다. 부모님들에게는 따뜻한 정서적 공감을 가지고 알려 주고 싶은 내용들을 하나하나 짚어주는 방식으로 접근합니다. 주요 개념이나 이론도 딱딱한 문체보다 아름다운 시적 표현으로 정리하여 들려줍니다.

저자는 부모가 소중한 아이를 건강하게 낳아 잘 키우면서 아이와 함께 행복을 느끼고 함께 성장하는 기쁨을 강조해 줍니다. 임신하기 전 아기를 기다리며 아기에 대한 사랑을 미리 준비하게 강조하였으며, 태어난 아이가 성장해가는 과정에서 부모가 마주하게 될 아이들의 변화와 능력, 그리고 한계, 그에 맞춘 부모의 구체적 행동과 역할들을 최신 이론과 접목하여 설명하였습니다.

영유아기에 길러져야 할 많은 능력 중에서도 단기적 지식이나 학습보다는 어떤 미래사회가 도전해도 꼭 갖추어야 할 기본이 되는 능력들을 중심주제로 하여 심도 있게 다루고 있습니다. 질문하기, 도전하기, 인내하기, 더불어 살기, 공감하기, 선택과 집중, 행복 찾기, 행복 느끼기, 감사하기, 등 우주시대에서나 AI 시대에서나 융합하고 통합하는 미래의 직업을 위해서도 반드시 갖추어야 할 중요한 기초능력을 쉽고 친절하게 구체적 사례와 함께 알기 쉽게 설명해 줍니다. 성장기록과 추억남기기, 엄마, 아빠가 쓰는 편지 등 좋은 부모가 되기 위한 구체적인 팁들은 절로 미소를 짓게 해줍니다.

부모는 아이와 한 짝이 되어서 함께 서로에게 맞추어 나가면서 배우고 성장해 나갑니다. 그러나 아이들을 기르기 위해서는 온 마을이 함께 힘을 합쳐야 한다는 서양의 속담처럼 이제는 어머니나 아버지뿐만 아니라 조부모, 기타 가족, 등 함께 부모 역할에 동참해야 할 것입니다. 그러므로 이 책을 부모, 조부모, 교사, 예비교사 등을 비롯하여 아이를 함께 길러주는 역할을 하는 모든 우리 이웃들에게도 추천하고 싶습니다.

이 영
연세대학교 명예교수

추천의 글

"너는 어떤 꽃을 피울래?" 아직 꽃이 아닙니다. 꽃봉오리입니다.

제목에서부터 저자는 하고 싶은 말이 있습니다. 그건 아마도 아이들의 잠재력 이야기인 듯합니다.

누구나 내 아이가 유아기 때는 영재가 아닐까…. 생각하고 기대하는 것을 봅니다.

아시나요? 한자로 영재란 꽃부리 영(英), 아직 피어나지 않은 꽃, 즉 잠재력입니다. 일곱 빛깔 아이들, 제각기 다른 색의 꽃을 피웁니다.

모든 아이들은 제각각 다른 재능을 타고납니다. 어떤 빛깔에 어떤 모양에, 어떤 계절에…. 이 책의 저자는 아이들의 잠재력을 보았습니다. 신이 주신 아이들의 숨겨진 재능에 물을 주고, 빛을 주고, 아름다운 정원을 꾸며왔는지 모릅니다. 이 책을 처음 읽었을 때 손에서 책을 놓지 못했었습니다. 유아, 초등 영재교육을 평생 해온 저는 가슴이 먹먹해져 옴을 느꼈습니다.

저자는 삼성그린유치원의 원장님이십니다. 제가 만난 아이들…. 저자가 가꾸고 정성들인 정원. 그곳의 예쁜 꽃들, 진정한 영재들을 보았습니다. 내 생각을 말할 수 있는 아이, 오늘 하루 궁금한 점이 많은 아이, 좋은 질문을 할 수 있는 아이…. 저자의 유치원에서 이러한 아이들을 만났습니다.

질문할 줄 아는 아이는 어떤 아이일까요? 호기심이 있어야겠죠. 호기심 있는 아이는 어떤 아이일까요? 관찰력이 있는 아이죠. 숲속 자연에서 늘 관찰하고, 호기심을 키운 아이들, 진정한 이 시대의 영재들입니다. 모든 부모가 내 아이를 잘 키우고 싶습니다. 그러나 그 누구도 방법을 알지 못하죠. 이에 대해 방향성을 제시해주는 책이 바로 「너는 어떤 꽃을 피울래?」입니다.

저자인 〈김승희 원장님〉은 오랜 시간 현장에서 아이들과 친구로 지내온 삶을 이 책을 통해 부모들에게 전하고 있습니다. 삶의 중심을 단단히 지키는 부모로 살아가고 싶은 이들에게 이 책은 안내서가 되어줄 것입니다. AI시대 진정한 교육의 가치관을 전하고 있는 '별' 같은 교육자의 이야기가 너무도 소중합니다.

고정임 박사
가천대학교 과학영재교육원 초등담당 지도교수
에반아카데미 대표

프롤로그

    어쩌면 세상에 존재하는 가장 순수하고 위대한 힘은 '사랑'일지도 모릅니다. 그리고 그 사랑이 가장 눈부시게 피어나는 순간은, 한 아이의 작은 손을 처음 마주 잡을 때가 아닐까요. 그 순간부터 우리의 마음속에는 영원히 꺼지지 않을 다짐이 새겨집니다.
    "우리 아가, 사랑해." 이 짧은 말이 부모로서 걷는 모든 길의 시작이자 끝이 됩니다.
    부모가 된다는 것은 단순히 한 아이를 책임지는 것을 넘어섭니다. 그것은 자기 자신조차 몰랐던 새로운 능력을 발견하는 경이로운 경험이며, 때로는 지치고 힘든 순간에도 사랑하는 아이를 위해 불가능은 없다는 믿음이 솟아나기도 합니다.
    밤새 열나는 아이를 간호하고, 작은 투정에도 무한한 인내심을 발휘하며 참아내던 시간들이 아이의 작은 미소에 세상 모든 근심을 잊게 되는 순간들, 이것이 바로 엄마, 아빠의 Super-Power입니다.
    아이는 사랑으로 자라기 위해 그리고 스스로의 삶을 성공하기 위해 태어납니다. 아이를 향한 부모의 따뜻한 사랑이라는 이름으로 얻게 되는 초능력은 아이의 모든 것을 변화시키고 성장시킵니다.

그렇다고 부모의 길이 언제나 아름답기만 한 것은 아닙니다. 우리가 품었던 아이에 대한 부모의 기대와 현실 사이에는 때때로 깊은 간극이 존재하며, 이상과 다른 아이의 모습이나 예상치 못한 어려움 앞에서 부모는 혼란을 느끼기도 합니다.

이 책은 바로 그 사이에서 균형 잡기 위한 부모의 역할과 고민, 그리고 아이와 함께 성장해 가는 이야기입니다. 완벽한 부모가 되기보다는, 아이와 함께 넘어지고 일어나면서 배우고 성장해가는 진짜 부모의 모습과 역할을 이야기하고 싶었습니다.

처음 부모가 되어 아이를 통해 자신들이 얼마나 미숙한지 느끼게 되고 또한 아이가 성장하면서 보여주는 모든 행동에서 아이가 얼마나 큰 잠재력을 가지고 있는지 발견하는 과정에서 어쩌면 부모가 아이보다 더 많이 배우고 자라는 세상에서 가장 큰 아이일지도 모른다는 생각도 하게 되는데 그럼에도 불구하고 부모는 아이를 위해 끝까지 최선을 다하는 거룩한 존재입니다.

앞으로 다가오는 미래 사회는 우리가 상상하는 것 이상으로 지금과는 많이 다를 것입니다. 온 세계가 하나로 통하는 네트워크 되어 있는 디지털시대, 많은 사람들이 우주를 꿈꾸며 끊임없는 도전을 하고 있는 현실에서 지금 이 순간, '넓은 세상으로 나아갈 우리의 아이는 어떻게 키워야 할까'를 고민하게 됩니다.

앞으로 다가올 우주시대를 위해 세계가 경쟁하고 있는 지금, 교육계에서 학교는 물론 가정에서도 많은 변화를 요구하고 있습니다. 앞으로 미래를 살아갈 아이들에게 요구되는 능력도 계속 변화가 예측되고 있는데, 이에 발맞춰 학교에서는 상황대처능력, 창의력,

상상력, 문제해결능력 등 수동적인 주입식 교육이 아닌 다양한 관점으로 세상을 바라보고, 열린 사고로 아이 스스로 생각하고 문제를 해결하는 능력을 길러주는 새로운 수업방식으로 변화가 시작되고 있습니다.

특히 아이에게 있어서 빠른 변화에 적응하기 위해서는 끊임없이 배우고 성장하는 자세가 필요하고, 학교 공부뿐만 아니라 스스로 관심 있는 분야를 탐구하고 새로운 기술을 배우는 즐거움을 느낄 수 있도록 격려해 주어 실패를 두려워하지 않고 다시 도전하는 회복탄력성이 중요한 자산이 될 수 있도록 해 주어야 합니다.

현재 인공지능이 많은 지식과 계산은 대신해 줄 수 있지만, 새로운 아이디어를 내고 복잡한 상황에서 창의적인 문제해결책을 찾는 능력은 여전히 인간 고유의 영역입니다. 따라서 부모는 생활 속에서 아이가 늘 호기심을 가지고 언제나 질문할 수 있는 환경을 만들어 주고 스스로 답을 찾아가는 과정을 안내하고 격려와 지지를 해주는 것이 중요합니다.

앞으로는 지금보다 더 다양한 사람들과 협력하고 소통하는 능력이 매우 중요해집니다. 미래 사회에서는 인공지능과 함께 일하거나, 다양한 분야의 전문가들과 협업하는 일이 많아질 것을 대비해 아이가 다른 사람의 의견을 경청하고 자신의 생각을 효과적으로 전달하며, 함께 목표를 달성하는 경험을 할 수 있도록 도와주는 것이 좋습니다.

무엇보다 따뜻한 마음과 공감 능력을 갖춘 아이로 성장하도록 돕는 것이 중요한데 인공지능은 데이터와 논리로 작동하지만, 인간은 감정을 느끼고 서로를 이해하며 관계를 맺습니다. 아이가 타인의 감정을 읽고 배려하며 더불어 사는 삶의 가치를 배울 수 있도록 가정에서부터 사랑과 존중을 보여주세요.

끝으로 아이와 함께하는 시간은 찰나와 같습니다. 어제의 작은 손이 오늘의 훌쩍 자란 아이의 모습으로 성장해 갑니다. 아이의 첫 옹알이, 첫걸음마, 첫 번째 생일…. 도전과 성공, 실패와 재도전….

부모가 아이와 함께 성장하며 만들어 가는 감동의 모든 순간들은 하나씩 모여 어느 무엇과도 바꿀 수 없는 소중하고 귀한 가족의 역사가 될 것입니다. 소중한 순간을 놓치지 않으시기를….

이 책은 아이를 통해 배우는 무조건적인 사랑, 예상치 못한 곳에서 솟아나는 용기, 기대와 현실 사이에서 삶의 지혜를 터득하는 과정, 그리고 가장 소중한 순간들을 영원히 간직하는 행복까지 아이와 함께 성장하는 모든 부모님의 여정에 작은 위안과 깊은 공감을 드리며, 부모라는 이름으로 만나는 아름답고도 치열한 세상 속으로…. 여러분을 초대합니다.

바람꽃 김승희

TABLE OF CONTENTS

추천의 글 4

프롤로그 9

1장. 엄마라는 별, 아빠라는 우주 (처음 부모가 된다는 마음)
    아가야, 우리에게 찾아와 줘서 고마워 18
    사랑해, 우리 아가 23
    엄마와 아빠는 28
    아가야, 듣고 있니? 35
    작지만 커다란 씨앗 39
    네가 만날 세상은 43
    좋은 엄마 되기 48
    좋은 아빠 되기 53

2장. 멈추지 않는 시계처럼 (성장과정)
    아이의 첫걸음 62
    아이의 첫 경험 66
    부모의 교육 철학 (가치관 형성) 71
    질문하는 아이 78
    잘 웃는 아이, 혼자서도 잘 노는 아이 85
    놀이를 만드는 아이 90

배움을 놀이처럼   94
정답에서 문제로   99
거꾸로 생각하기   105

3장. 세상을 바꾸는 아이, 아이의 꿈 (유치원생활)
유치원의 교육철학   112
자기 주도적 마인드   123
Mind control   128
상상력이 세상을 바꾼다   134
끊임없는 도전과 실패   140
끊임없는 격려와지지   145
문제해결을 즐기는 아이   150
질문은 정답보다 중요하다   157

4장. 미래세상/ 자신의 역량을 최대치로 (학교생활)
생각을 열어라   166
무(無)에서 유(有)를 창조하라   171
융합하라   177
함께 하라   185
항상 업그레이드(up-grade) 하라   192
자연을 가까이해라   199
네가 만들어갈 아름다운 세상   207
세계로 나가라 / Global mind   216

5장. 엄마, 아빠는 / ENDLESS LOVE (부모가 된 우리)
　Good morning　226
　언제나 사랑해　231
　엄마, 아빠의 Super-Power　238
　부모의 기대와 현실: 균형 잡기　244
　세상에서 가장 큰 아이　250
　아기의 성장기록 남기기: 추억 남기기　257
　부모가 되는 의미　262
　엄마, 아빠의 편지　270

에필로그　274

1장.
엄마라는 별, 아빠라는 우주
(처음 부모가 된다는 마음)

아가야,
우리에게 찾아와 줘서 고마워

특별한 선물, 새 생명이 오다

부모가 되는 과정은 인생에서 가장 특별하고 감동적인 경험 중 하나입니다. 산부인과에서 의사로부터 "축하드립니다. 임신입니다." 라는 말을 듣는 순간, 부부는 새로운 정체성을 갖게 됩니다. 기다리고 원하던 아기라면 기쁨이 넘칠 것이고, 예상치 못한 아기라면 당황스러움이 클 수도 있습니다. 그러나 모든 부모는 아기를 소중한 생명으로 여기며, 그에 대한 책임감을 느끼기 시작합니다.

아가야, 정말 우리에게 온 거야? 믿어지지가 않아
내가 드디어 엄마가 된 거네. 나는 아빠가 되었고….

엄마가 된다는 것, 아빠가 된다는 것은 큰 기대와 기쁨입니다. 새로운 생명의 탄생에 대한 기대는 아기가 태어날 날을 손꼽아 기다리며, 새로운 가족의 일원이 생기는 것에 대한 기쁨으로 아기의 첫 모습을 상상하며 행복감에 빠지기도 합니다.

부모가 되는 것은 새로운 역할을 맡는 것이므로, 이 역할에 대한 기대와 설렘이 크기도 합니다. 반면 아기가 태어난 후의 육아가 얼마나 힘들지에 대한 두려움과 아기의 건강이나 발달에 대한 걱정이 부모의 마음을 무겁게 할 수 있습니다. 부모가 되면 삶의 많은 부분이 변화하게 됨으로 인해 불안감도 생길 수도 있습니다. 특히, 개인의 자유 시간이 줄어들고, 사회적 관계가 변화하는 것에 대한 걱정이 생기기도 하고, 아기를 어떻게 돌봐야 할지에 대해서도 정보가 넘쳐나면서 혼란스러움을 느낄 수도 있으며 다양한 육아 정보와 주변의 조언이 부모를 더욱 스트레스받게 할 수도 있습니다.

이처럼 부모가 되는 과정에서 부모의 감정은 기대와 두려움이 공존하는 복잡한 상태입니다. 이러한 감정들은 아기가 태어난 후에도 계속해서 영향을 미치지만 그럼에도 불구하고 부모로서의 여정을 더욱 의미 있게 만들어 줍니다. 그래서 부모가 되는 과정은 쉽지 않지만, 동시에 큰 기쁨과 보람을 안겨주는 특별한 경험이기도 합니다.

엄마는 태아와 모든 것을 공유하며 소통하기 시작하면서 태아에게 하는 모든 말과 행동이 태아의 성장에 커다란 영향을 주게 된다는 것을 알게 됩니다.

예를 들어 "아가야, 사랑해"라고 태아에게 사랑을 표현하는 것은 아기에게 안정감을 주고, "너는 특별한 아이란다."라는 말은 아기가 태어나기 전부터 그 존재의 소중함을 인식시키는 말입니다. 또한 아기와 이야기할 때 "오늘은 어떤 일이 있었는지 이야기해 줄게" 하며 하루 동안의 일상적인 사건이나 감정을 이야기하는 것은 태아의 언어 발달에 도움을 주기도 합니다. 아기와의 대화는 부모가 아기를 생각하고 있다는 것을 전달하게 되고, 이때 부모의 목소리는 태아에게 친숙하게 들리며 정서적 유대감을 형성하는 데 도움을 주기도 합니다.

이렇게 부모가 아기와 끊임없이 대화하며 아기는 부모의 긍정적인 감정과 긍정적인 이미지를 형성하며 안정감을 주게 됩니다.

아빠의 역할은 엄마가 아기를 위해 자신의 건강과 행동을 변화시키는데 함께 해야 되고, 엄마의 정서적 안정과 편안한 생활을 위하여 배려하고 존중하며 최대한 불편하지 않도록 노력해야 합니다. 엄마가 태교를 시작하며 모든 생활의 중심이 엄마 자신에서 아기 중심으로 바뀌게 되므로 아빠는 엄마와 같은 마음으로 공감하면서 함께 하는 것이 무엇보다 중요합니다.

태교의 중요성은 오랜 역사 속에서 강조되어 왔듯이 현대 의학에서도 그 필요성이 널리 알려져 있습니다. 박문일 저자의 '태교는 과학이다'라는 책에서는 여러 예를 들면서 태교가 과학적으로 뒷받침해 주고 있다고 설명하고 있습니다.

태교는 아기가 세상에 나오기 전까지 엄마가 제공하는 모든 것이라고 설명합니다.

엄마의 건강한 식사는 긍정적인 감정은 물론 다양한 자극을 주어 태아의 뇌 발달과 정서적 안정에 중요한 역할을 하게 되며, 부모가 긍정적인 감정을 전달하면 태아는 안정감을 느끼고, 반대로 불안한 감정을 느끼면 태아도 불안해할 수도 있습니다. 그래서 아기와 엄마가 한 몸에서 아주 가까이 있으면서 엄마의 일거수일투족을 아기가 온몸으로 느끼기 때문에 엄마는 조금이라도 아기에게 좋은 것이 있다면 스스로 챙겨 먹기도 하고 몸을 움직이며 운동을 하기도 하며, 좋은 생각과 좋은 책, 좋은 음악, 기분 좋은 상상 등 좋은 것은 최대한 많이 하려고 노력하며 태교에 힘쓰게 됩니다.

태아는 약 열 달 동안 엄마의 몸 안에서 성장하고, 이 기간 동안 엄마는 많은 불편함을 감수하게 됩니다. 그러나 이러한 불편함은 앞으로 만날 아기를 위해 엄마는 기꺼이 감내하며 사랑하는 마음으로 극복해 나가야 합니다. 태아는 안전한 환경에서 엄마의 보호를 받으며 엄마가 주는 신호(매일 들려주는 사랑의 속삭임, 아빠의 다정한 목소리, 자연의 소리, 클래식 음악소리 등)와 다양한 자극을 통해 하나하나 느끼며 정서적 안정을 갖고 매일 조금씩 자라면서 세상에 나올 준비를 합니다.

아기가 세상에 나오기 전까지의 부모는 기쁨과 기대, 걱정이 뒤섞인 복잡한 감정의 연속입니다. 경험이 없는 부모는 아기에게 어떤 부모가 되어야 할지, 어떤 아이로 키울지에 대한 고민을 하게 되지만 그래도 자신들의 아이가 어떤 모습으로 태어날지, 누구를 닮을지에 대한 기대를 하며 태어날 아이에게 최선을 다하고 싶어 합니다. 이러한 과정에서 부모는 서로의 얼굴을 바라보며 신기하면서도 좋은 부모가 되겠다는 다짐을 하게 됩니다.

결국, 부모가 된다는 것은 사랑의 선물로 받은 소중한 생명을 위해 자신보다 더 귀하게 여기면서 무조건적인 사랑을 주는 것으로 아이와 함께하며 부모는 아이가 살아갈 아름다운 세상을 꿈꾸게 되고, 아이는 부모의 사랑과 지지를 바탕으로 세상에서 당당하게 자신만의 길을 찾아가게 됩니다.

이처럼 부모가 되는 여정은 단순히 새로운 생명을 맞이하는 것뿐만 아니라 그 생명과 함께 성장하고 배우는 과정입니다.

아기는
부모의 끝없는 사랑과 따뜻한 손길,
다정한 말들로 쑥쑥 자라게 되며
부모는
아기와 함께 사랑과 행복함, 기쁨으로 성장하게 됩니다.

아가야!
너를 처음 마주한 날
엄마와 아빠는 얼마나 기뻤는지 몰라
온 세상을 다 가진 기분이었지.

엄마와 아빠를 닮은 너를 보며
미소를 머금은 너를 보며
아빠 손가락을 꼭 움켜쥐는 너를 보며
쌔근쌔근 잠자는 너를 보며
천사의 모습을 하고 있는 너를 보며

너와 함께할 모든 것을
상상하며 행복하게
사랑하고 감사하며
엄마와 아빠는 다시 한번 기적이라 생각했단다.

아가야
우리에게 와줘서
엄마와 아빠의 사랑으로 와줘서
고마워
그리고 사랑해

사랑해,
우리 아가

"사랑해, 우리 아가" 캄캄한 엄마 뱃속에서 답답하지는 않니? 엄마가 맛있는 음식 줄게. 잘 먹고 엄마의 감정도 느껴보고, 엄마랑 아빠가 해주는 이야기도 들어 보렴. 그리고 엄마, 아빠의 사랑으로 잘 자라주길 바래."

부모와 태아의 대화는 유대감을 형성하고 정서적 안정에 긍정적인 영향을 주며 태아의 인성을 만들어주는 중요한 역할을 하게 됩니다.

이렇게 해 보세요.

임신초기에는 "너를 기다리고 있어"라는 말로 아기가 태어날 것을 기대하며 사랑을 표현해 주고 "엄마는 너를 위해 건강하게 지낼게"라는 말로 아기의 건강을 위해 노력하겠다는 다짐을 전해 주세요. 태아가 조금씩 자라는 모습을 보며 "우리 아가, 지금 잘 자라고 있구나"하며 격려의 말과 더불어 "아빠(엄마)와 함께하는 시간이 정말 행복하지?"라는 말로 가족의 사랑을 느끼게 해주세요.

태아의 감각기관이 발달하는 시기인 3개월이 되면 "엄마랑 아빠의 목소리를 들려줄게"라고 말하고, 부모의 목소리를 자주 들려주어

친숙함을 느끼게 하고 "너는 소중한 존재야"라고 이야기해 주어 아기 존재의 소중함을 말해 주세요.

4개월이 되면 "오늘은 어떤 일이 있었는지 이야기해 줄게" 하며 일상적인 이야기를 통해 태아와 소통을 시작하고 "네가 어떤 아이인지 정말 궁금하고 너의 미래가 기대돼"라는 말로 아기의 미래에 대한 기대감을 표현해 주는 것이 좋습니다.

5개월이 되어 태동이 시작되면 "아가야! 네가 움직이는 걸 느껴" "발로 차는 것을 보니 운동을 하는 것 같네" 하며 태아의 움직임을 느끼며 대화를 하고 "너는 정말 특별한 아이야"라는 말로 아기의 특별함을 강조하며 자존감을 높여 주세요.

6개월이 되면 엄마의 감정을 이야기해 보세요. "아가야, 엄마와 아빠는 너를 아주 많이 사랑해"라고 사랑을 표현하며 정서적 안정감을 주고 "엄마와 아빠는 너와 함께하는 모든 순간이 소중하단다."라는 말로 함께하는 시간을 소중히 여기는 마음을 전해 보세요.

7개월이 되었을 때는 "아가야, 너는 안전하게 잘 자라고 있단다."라고 태아에게 안전한 환경을 제공하고 있다는 메시지를 전달해 주고, "아가야, 아빠와 엄마는 너와 함께하고 싶은 것들이 너무나 많단다. 너도 엄마와 아빠랑 함께하는 꿈을 꿔보렴."이라는 말을 해주며 아기가 미래를 상상하게 해주세요.

8개월을 맞으며 "아가야, 우리 이제 곧 만나게 될 거야" 아기와의 만남을 기대하며 대화하고, "너는 건강하게 태어날 거니까 걱정하지 않아도 돼" 아기의 건강을 기원하는 말과 기대감을 갖게 해 보세요.

9개월이 되면 "아가야, 우리가 만날 날이 가까워지고 있어"라고 말하며 아기와의 만남을 기다리는 마음을 표현해 주고, "엄마와 아빠는 너를 위해 많은 것들을 준비하고 있단다."라는 말로 아기를 위해 준비하고 있다는 메시지를 전달해 보세요.

출산일이 다가오면 "아가야, 너는 정말 우리가 얼마나 사랑하고 있는지 알지? 엄마와 아빠가 아주 많이 사랑해"라고 아기가 사랑받는 존재임을 말해 주고 "이제 곧 만나자" 하며 아기와의 만남을 기대하면서 대화해 보세요. 이러한 대화는 태아에게 안정감과 사랑의 마음을 전달하게 되며, 부모와 아기 간의 친밀감을 강화하는 데 큰 도움이 됩니다. 그리고 태아와의 대화는 단순한 언어적 표현을 넘어 아기의 정서적 발달에 긍정적인 영향을 주게 됩니다. 특히 부모의 다정한 목소리나 행복한 감정을 나누는 일상의 모습은 아기에게 정서적 안정과 편안함을 줄 수 있어 무엇보다도 중요합니다. 이렇게 태아와의 소통은 부모에게도 부모로서의 마음가짐을 다지는 소중한 기회가 되기도 합니다.

다음은 그림책 읽어주기가 태교에 여러 가지 긍정적인 영향을 준다는 여러 연구 결과가 있어 소개하려고 합니다.

첫째는 정서적 안정을 갖게 하는 그림책은 읽어주는 과정에서 엄마는 스스로 마음의 안정을 찾고 스트레스를 완화할 수 있습니다. 그래서 아름다운 그림과 감동적인 내용과 심리적 안정감을 제공하는 그림책을 읽어주면서 엄마는 태아와의 정서적 유대감을 형성할 수 있고, 태아는 엄마의 목소리와 감정을 느끼게 되면서 정서 발달에 도움을 줄 수 있습니다.

두 번째는 두뇌를 자극해 주는 그림책으로, 태아는 엄마가 읽어주는 이야기를 통해 두뇌가 자극을 받게 되며 뱃속에서부터 흥미로운 내용의 이야기를 듣는 것은 태아의 인지 발달에 도움을 줄 수 있습니다.

세 번째는 태아에게 자연스럽게 감정을 전달할 수 있는 그림책을 읽어주면서 엄마는 태아에게 사랑을 표현해 주고, 소리 내어 읽으면서 배를 쓰다듬는 행동은 태아에게 긍정적인 감정을 전달하게 됩니다.

네 번째는 편안한 환경에서 읽어주는 밝고 따뜻한 내용의 그림책은 임산부에게 편안한 감정을 느끼게 하여 태교의 효과를 극대화해 주는데, 이러한 환경은 태아에게 긍정적인 영향을 주게 됩니다. 이처럼 그림책 읽어주기는 태교에 매우 유익한 활동으로, 엄마와 태아 모두에게 긍정적인 영향을 주고, 정서적 안정과 두뇌 자극을 통해 태아의 건강한 발달을 도울 수 있으며, 엄마와 태아 간의 유대감을 강화하는 데 큰 역할을 하게 됩니다.

Tip, 그림책을 읽어줄 때는 성우처럼 읽기보다는 따뜻하고 부드러운 목소리로 읽어주는 것이 좋고, 의성어와 의태어를 활용하여 책의 내용을 대화체로 각색하여 읽어주면 태아의 언어 발달에 도움이 되며, 같은 책을 반복적으로 읽어주면 태아가 익숙하게 느끼면서 안정감을 갖게 됩니다.

〈 추천 그림책 목록 〉
1. 네가 어디에 있든 너와 함께할 거야. (낸시 틸먼)
   내용: 네가 있는 곳이 어디든 너와 함께한다는 이야기 (무한한 응원과 메시지)
2. 잘 자요 달님 (마거릿 와이즈 바라운)
   내용: 편안한 밤의 분위기를 전달함 (부드러운 언어로 태아에게 안정감)

3. 사과가 쿵! (다다 히로시)
   내용: 다양한 소리와 움직임을 통해 재미있게 표현(의성어, 의태어가 태아의 감각을 발달)
4. 두드려 보아요 (안나클라라 티돌름)
   내용: 다양한 사물에 대해 두드리며 소리를 내는 재미있는 이야기 (상호작용을 유도하는 요소가 있어 태아와의 소통을 촉진)
5. 누가 숨겼지? (고미타로)
   내용: 숨겨진 사물을 찾아가는 재미있는 이야기로, 호기심을 자극 (세밀화로 그려진 그림이 아기의 시각적 발달에 도움
6. 구름빵(백희나)
   내용: 서로를 생각하는 따뜻한 사랑을 느끼게 해주는 이야기 (상상력을 자극)
7. 하늘만큼 땅만큼 너를 사랑해(팀워스)
   내용: 아이에게 부모님의 사랑을 다정히 속삭여 주는 이야기 (아기곰을 사랑하는 아빠곰)
8. 너는 어떤 씨앗이니?(최숙희)
   내용: 무한 가능성을 갖고 있는 씨앗 같은 아이들을 응원함. (희망과 용기를 주는 이야기)
9. 괜찮아(최숙희)
   내용: 아이들이 좋아하는 동물 생태 정보의 '자신감' 이야기 (생명의 감수성을 키워줌)
10. 사랑해 사랑해 사랑해(버나뎃 로제티 슈스탁)
    내용: 간결하고 압축적, 직설적으로 전하는 사랑의 메시지 (아기는 사랑이 가득한 존재)

엄마와 아빠는

"우리 아기, 왕자님일까? 공주님일까?"
아기의 움직임이 조금이라도 느껴지면
엄마는 아기를 만나는 듯합니다.
"아가야, 놀고 있는 거야?" "재미있어?"
"우리 아가, 엄마를 빨리 만나고 싶구나?"
"엄마도 우리 아가 빨리 만나고 싶네."

"아가야! 오늘은 어떤 음악을 들려줄까?"

    오래전 큰아이를 임신했을 때 가장 먼저 받은 축하의 선물이 클래식 음악 테이프(태교음악 모음집)였는데 일과 살림을 병행하다 보니 여유가 없어 아쉽게도 편안하게 음악을 자주 듣지는 못했던 것으로 기억이 납니다.
    우리는 가족 중 누군가가 임신을 하게 되면 산모에게 좋은 것들을 선물해 주면서 축하의 마음을 전하기도 합니다. 그중에서도 아기와 산모의 정서에 좋다는 클래식 음악을 많이들 추천해 주기도 하고 들을 수 있는 환경을 만들어 주기도 하는데 이것은 음악이 태교에 매우 좋고 중요한 역할을 한다는 의미일 겁니다.

펜실베이니아 대학교의 연구 결과에 따르면, 음악 감상은 태아에게 안정감을 주고 스트레스를 줄여주는 효과가 있다고 합니다.

태교음악이 태아와 산모에게 긍정적인 영향을 주는 것은, 첫째, 태아의 감각 발달을 도와줍니다. 임신초기부터 태아는 외부의 소리를 인식할 수 있는 능력을 갖추기 시작하고, 약 25주경부터는 태아가 엄마의 목소리와 음악 소리를 구별할 수 있는데 이는 태아의 청각 발달에 긍정적인 영향을 미칩니다. 이렇게 음악은 태아의 뇌 발달을 촉진하고, 감각적 자극을 제공하여 인지 능력 향상에 기여할 수 있습니다.

둘째, 정서적 안정을 시켜줍니다. 음악은 감정을 표현하고 전달하는 강력한 매개체이며, 부드럽고 편안한 멜로디로 구성되어 있는 태교음악은 엄마의 스트레스를 줄이고 정서적 안정을 도와줍니다. 엄마가 편안한 상태일 때 태아도 안정감을 느끼게 되며, 태아의 건강에도 긍정적인 영향을 미칩니다.

셋째, 모체와 태아 간의 유대감을 형성하며, 음악을 들으면서 엄마가 느끼는 감정이 태아에게도 전달됩니다. 태교 음악을 통해 엄마와 태아 간의 정서적 유대감이 강화되며, 아기가 태어난 후에도 긍정적인 영향을 미칠 수 있습니다. 음악을 통해 엄마가 느끼는 사랑과 애정이 곧바로 태아에게 안정감을 주고 정서적 발달에도 기여하게 됩니다.

넷째, 임신 기간 동안 많은 엄마들이 겪는 스트레스는 태아에게 부정적인 영향을 미칠 수 있습니다. 태교 음악은 스트레스를 줄이고, 긴장을 완화하는 데 도움을 주고 음악을 듣는 것이 스트레스 호르몬인 코르티솔 수치를 낮추는 데 효과적이라는 연구결과도 있습니다. 따라서 태교 음악은 엄마의 정신적 건강을 유지하는 데 중요한 역할을 합니다.

다섯째, 음악은 태아의 운동을 촉진하는 데도 도움이 됩니다. 음악의 리듬에 맞춰 태아가 움직이는 경우가 많으며, 이는 태아의 운동 능력 발달에 긍정적인 영향을 미칠 수 있습니다. 또한 음악을 들으면서 엄마가 느끼는 기쁨과 행복은 태아의 활동성을 높이는 데 도움을 주기도 합니다.

여섯째, 태교 음악은 클래식 음악, 자연의 소리, 부드러운 재즈 등 다양한 장르로 구성될 수 있습니다. 클래식 음악은 특히 태교에 많이 추천되며, 그중에서도 모차르트, 베토벤, 드뷔시 등의 작품이 많이 사용됩니다. 이러한 음악들은 일반적으로 부드럽고 조화로운 멜로디를 가지고 있어 태아에게 긍정적인 영향을 미칠 수 있습니다.

일곱 번째, 아기의 정서적 발달에도 중요한 역할을 합니다. 음악을 통해 아기는 다양한 감정을 경험하게 되며, 아기의 사회적, 정서적 발달에 기여합니다. 음악은 아기가 세상을 이해하고 감정을 표현하는 데 도움을 줄 수 있습니다.

여덟 번째, 태교 음악을 함께 듣는 것은 가족 간의 소통을 증진시키는 좋은 방법입니다. 아빠와 엄마가 함께 음악을 들으며 태아에 대한 이야기를 나누고, 서로의 감정을 공유하는 과정은 가족의 유대감을 강화하는 데 기여합니다. 이는 아기가 태어난 후에도 긍정적인 가족 환경을 조성하는 데 도움이 됩니다.

참고로, 태교 음악의 효과는 임신 기간에만 국한되지 않습니다.

연구에 따르면, 태교 음악을 들었던 아기들은 태어난 후에도 음악에 대한 반응이 긍정적이며, 음악적 능력이 뛰어난 경우가 많아 태교 음악이 아기의 전반적인 발달에 지속적인 영향을 미친다고 합니다.

아가야, 엄마랑 아빠가 너의 방을 만들어 줄게

아기방을 만들어 주는 것은 아기에게 여러 가지 면에서 긍정적인 영향을 미칩니다.

부모는 처음 아기를 맞을 공간을 꾸미며 아기와 함께 할 기대감과 기쁜 마음으로 하나하나씩 의미를 담아 준비하는 과정에서 부모의 역할 첫걸음을 시작하게 됩니다.

아기의 방은 모든 것들을 아기에게 맞춰 방의 구조를 비롯하여 물건, 방안의 색감 등 아름다우면서도 안전하게 구성되어야 하는데, 첫째, 아기방은 아기가 안전하게 놀고 자랄 수 있는 안전한 공간을 만들어 아기에게 적합한 가구와 장난감으로 구성해 사고를 예방하고 아기가 자유롭게 탐색할 수 있는 환경을 조성합니다.

둘째, 아기에게 개인적인 공간을 제공하면 아기가 자신의 공간에서 편안함을 느끼고, 독립성을 기르는 데 도움을 줄 수 있습니다. 또한 아기가 자라면서 자신의 방에서 시간을 보내는 것은 자아 정체성을 형성하는 데 중요한 역할을 합니다.

셋째, 아기에게 정서적 안정감을 줄 수 있는 환경을 제공해 주면, 아기가 자신의 방에서 자고 놀면서 익숙해진 공간에서의 경험이 정서적 안정감을 높이고, 불안감을 줄이는 데 기여합니다.

넷째, 아기방을 꾸미고 관리하는 과정은 부모와 아기 간의 유대감을 강화하는 기회가 되기도 하는데 이는 부모가 아기방을 함께 꾸미고, 아기와 함께 시간을 보내는 것은 가족 간의 관계를 더욱 돈독하게 만들어 줍니다.

다섯째, 아기의 발달을 자극하는 다양한 요소로 구성하면 색상, 형태, 질감 등 다양한 장난감과 장식은 아기의 감각 발달에 도움을 주며, 인지 능력을 향상시키는 데에도 기여합니다.

여섯째, 아기방은 아기가 자라면서 자신의 물건을 정리하고 관리하는 습관을 기르는 데 도움이 되며, 아기가 성장하면서 책임감을 느끼게 하는 데 중요한 역할을 하기도 합니다.

일곱 번째, 아기가 자유롭게 놀고 상상할 수 있는 공간의 다양한 장난감과 놀이 도구는 아기의 창의력과 상상력을 자극하며, 놀이를 통해 학습할 수 있는 기회를 제공합니다.

여덟 번째, 아기가 자고 놀고, 부모와 함께 시간을 보내는 공간으로써, 가족의 일상적인 활동이 이루어지는 장소가 되며 가족 간의 소통과 유대감을 높일 수 있습니다.

아홉 번째, 아기의 성장과정을 기록할 수 있는 공간이 될 수 있도록 아기의 첫걸음마, 첫 생일 등 특별한 순간들을 기념할 수 있는 사진이나 장식으로 꾸미면 아기의 성장과정을 볼 수 있는 소중한 기억으로 남을 수 있습니다.

이처럼 아기방을 만드는 것은 아기에게 안전하고 편안한 공간을 제공할 뿐만 아니라, 정서적 안정감, 발달 자극, 가족 간의 유대감 강화 등 여러 가지 긍정적인 효과를 가져오는 동시에 아기가 건강하게 성장하고 발달할 수 있는 중요한 환경이므로, 신중하게 계획하고 꾸미는 것이 중요합니다.

〈아기방 만들기 프로젝트〉

　부부가 서로 원하는 아기방의 모습을 이야기하고 의견을 모아 계획을 세운 다음, 우선 정서적 안정감과 편안함을 주기 위해서는 부드러운 색상을 선택합니다. 벽과 가구는 부드러운 파스텔 톤이나 중성적인 색상으로 꾸미는 것이 좋은데 이는 아기에게 안정감을 주고, 편안한 분위기를 느끼게 해줍니다. 예를 들어 연한 하늘색, 연두색, 분홍색 등 파스텔 톤의 색상이 적합합니다. 또한 자연을 주제로 한 장식이나 식물은 아기에게 편안함을 줄 수 있는데, 나무 소재의 가구나 식물은 자연의 느낌을 주어 아기방을 더욱 아늑하게 만들어 주고, 조명은 부드럽고 따뜻한 느낌을 주는 것이 좋으며, 밝은 조명보다는 조도가 낮은 조명을 사용하면 아기가 편안하게 잠들 수 있도록 도와줍니다.
　필요한 물품으로 침대는 아기 전용 침대로 안전하고 편안한 수면 환경을 만들어 줍니다.
　아기의 성장에 맞춰 조절 가능한 것이 좋고, 매트리스는 아기에게 적합한 통기성이 좋은 매트리스를 선택해서 편안한 수면을 할 수 있도록 하고, 침대 시트는 부드럽고 세탁이 용이한 침대 시트와 아기를 안고 있을 수 있는 편안한 의자나 스윙 의자가 있으면 더욱 좋습니다.
　그리고 아기의 옷과 용품을 정리할 수 있는 수납장, 아기가 안전하게 놀 수 있는 부드러운 장난감이나 촉감이 좋은 장난감을 준비합니다. 장식품은 귀여운 그림이나 포스터를 걸어두어 아기가 방에 친근감을 느낄 수 있도록 합니다. 특히 아기방은 공기를 깨끗하게 유지하기 위해 공기 청정기를 사용하는 것이 좋은데 이는 먼지와 알레르기 유발 물질로부터 아기를 보호할 수 있습니다. 그리고 정기적으로 청소하여 먼지와 오염물질을 제거해 주고 바닥과 가구를 깨끗하게 유지하는 것이 중요합니다.

무엇보다 가장 중요한 것은 아기방의 모든 가구와 장식품은 아기가 다치지 않도록 안전하게 배치해야 하고, 날카로운 모서리나 작은 부품이 있는 가구는 피하고 아기의 안전과 편안함을 최우선으로 고려해야 합니다.

어느 정도 완성이 되었다면 이제 아기 입장에서 편안하고 안정감 있게 느낄 수 있도록 잘 되었는지 생각해 보시고 필요한 요소는 그때그때 추가하시면 되겠습니다.

*아가야,
듣고 있니?*

아가야, 오늘은 우리 자연으로 나가볼까?

 태아에게 들려주면 좋은 자연의 소리와 자연에 대한 이야기는 태아의 정서적 안정과 발달에 긍정적인 영향을 미칠 수 있습니다. 태아에게 좋은 자연의 소리는 어떤 것들이 있을까요?

 밖에 나가면 가장 먼저 느낄 수 있는 바람 소리, 바람이 나뭇잎 사이를 지나가는 소리로 부드럽고 편안한 느낌을 줍니다. 이 소리는 태아에게 자연의 리듬을 느끼게 해주며, 안정감을 제공합니다. 바람 소리를 들으며 엄마가 태아에게 "바람이 나무를 흔들고 있어. 나무가 바람과 함께 춤을 추고 있단다."라고 이야기해주면 더 좋겠죠?

 다음은 흐르는 물소리입니다. 예를 들어 시냇물이나 폭포의 소리는 태아에게 매우 편안한 느낌을 줍니다. "아가야, 물이 흐르는 소리가 들리지? 물이 바위 위를 지나가면서 소리를 내고 있어."라고 보는 것처럼 들을 수 있게 이야기해주면 좋습니다.

공원에서 자주 만나고 들을 수 있는 다양한 새들의 지저귐은 자연의 생동감을 느끼게 해줍니다. "새들이 서로 재미있게 이야기를 하나 봐. 아니 노래하고 있는 걸까?"라고 이야기해주면 태아에게 긍정적인 영향을 줄 수 있습니다. 바닷가에서 들리는 파도 소리는 바다의 파도가 부서지는 소리로 태아에게 안정감을 주는 소리 중 하나입니다.

"파도가 해변에 부딪히고 있어. 바다가 우리와 이야기하자고 말하는 것 같아. 파도가 음악을 연주하는 것 같지 않니?"라고 엄마가 느끼는 감정을 그대로 이야기해 보세요.

비가 올 때 창문을 열고 빗소리를 들어 보세요. 비가 내리는 소리는 태아에게 편안함을 주며, 자연의 순환을 느끼게 해줍니다.

"아가야, 비가 내리고 있어. 나뭇잎에 빗방울이 떨어져 나뭇잎이 춤을 추는 것 같아. 비가 오니까 모든 것이 깨끗하게 변하는 것 같구나."라고 이야기해 보세요.

계절의 변화에 대해서도 이야기해 주세요. "날씨가 따뜻해졌어, 봄이 오고 있나봐. 봄이 오면 나뭇잎들도 조금씩 나오고 예쁜 꽃들이 많이 핀단다. 여름에는 덥지만, 나무가 푸르러져. 그러면 그늘에서 더위를 식히고 쉬어 갈 수도 있단다. 아가야, 나뭇잎 색깔이 바뀌고 있어. 가을이 왔나 봐. 겨울에는 눈이 내려. 하얀 눈이 쌓이면 우리 아빠한테 눈사람 만들어 달라고 해 볼까?"라고 이야기해 주면, 태아가 자연의 순환을 이해하는 데 도움이 됩니다.

다양한 동물들이 어떻게 살아가는지에 대한 이야기도 해주세요. "사슴은 숲에서 뛰어다니고, 토끼는 풀밭에서 놀고 있어. 코끼리는 코가 손이래. 신기하지? 어머 저기 다람쥐 좀 봐. 나무를 자유롭게 옮겨 다니네. 동물들은 자연 속에서 행복하게 살아가고 있단다."

"아가야, 우리는 나무와 꽃, 동물들을 소중히 여겨야 해. 그들이 있어야 우리도 행복할 수 있거든."이라고 자연의 소중함을 이야기하며 자연을 보호하는 것의 중요성에 대해서도 알려 주세요. 이러한 자연의 소리와 이야기는 태아에게 안정감과 긍정적인 정서를 심어 줄 수 있습니다. 자연의 소리를 들려주고, 그에 대한 이야기를 나누는 것은 태아와의 유대감을 더욱 깊게 만들어 줄 것입니다. 이외에도 숲에서의 산책, 심호흡하기, 숲 명상 등 숲에서의 다양한 활동으로 숲 태교를 할 수 있는데 연구에 따르면 숲과 함께하는 태교의 효과로 숲에서의 시간은 스트레스를 줄이고, 정서적 안정감을 높이는 데 도움을 주고, 자연환경에서의 활동은 임산부의 우울증과 불안 증상을 감소시키는 것으로 나와 있습니다.

숲에서의 활동은 신체 활동을 증가시키고, 이는 임산부의 전반적인 건강에 긍정적인 영향을 미치고, 숲 태교를 통해 임산부의 체중 증가를 조절하며 출산 후 회복을 촉진할 수 있고, 자연에서의 경험은 아기의 감각 발달을 촉진하고, 창의력과 문제해결 능력을 향상시키며, 아기의 인지 및 정서적 발달에 긍정적인 영향을 미친다고 합니다.

이처럼 숲 태교는 가족과의 유대감을 강화하고, 사회적 상호작용을 촉진하는 데 도움을 주며, 가족이 함께 숲에서 시간을 보내는 것은 임산부와 아기 모두에게 여러 가지 긍정적인 효과를 가져다 주며, 정서적 안정, 신체적 건강 증진, 아기의 발달 촉진, 그리고 사회적 상호작용 증진 등 다양한 측면에서 이점이 있다고 합니다.

아기와의 소중한 유대감을 형성하고, 건강한 출산을 위해서라도 자연과의 시간을 많이 보내주세요.

아가야, 너는 알까?
엄마가 얼마나 사랑하는지

아가야, 너는 알까?
아빠가 얼마나 사랑하는지

아가야, 너는 알까?
하늘도 구름도 너를 기다린다는 것을

아가야, 너는 알까?
나무도 산들바람도 기다린다는 것을

아가야, 너는 알까?
엄마와 아빠가 너를 위해 기도하는 마음을

작지만 커다란 씨앗

작은 씨앗이 큰 나무로 성장하는 것처럼, 아기도 사랑과 관심 속에서 멋지게 성장합니다.

그림책 '작은 씨앗이 자라면'에 보면, 작은 씨앗 하나가 바람에 날려 땅 위에 내려앉아 땅속으로 뿌리를 내립니다. 그런 다음 땅 위로 새싹을 내밀며 서서히 줄기를 만들어 올리고, 뿌리는 줄기가 자라는 만큼 더 튼튼해지고, 식물은 더 줄기를 높이며 잎도 무성하게 만듭니다. 꽃이 피고 열매를 맺으며 나무는 점점 더 굵어지고 튼튼하게 성장합니다. 새들도 다람쥐도 모두 큰 나무에 놀러 와서 자기 집처럼 둥지를 틀고 놀이터처럼 이용하도록 나무는 자신을 내어 줍니다. 초식동물들에게는 그늘도 만들어 주고, 땅속에서는 작은 생물들이 함께 살아가며 성장합니다. 큰 나무는 자신의 종족 번식을 위해 씨앗이 완성되어 새로운 생명이 탄생할 수 있게 되면 나무는 바람을 기다립니다. 씨앗은 바람을 타고 멀리 날아가 다시 땅 위에 내려앉습니다.

그리고 뿌리를 내리기 시작합니다.

인간의 삶도 나무의 삶과 유사한 것 같습니다. 씨앗이 식물의 생명력과 잠재력을 담고 있는 작은 존재인 것처럼 인간의 생명도 식물의 초기 성장과 같습니다. 인간은 태어날 때 무한한 가능성을 지닌 존재로서 부모와 환경의 영향을 받으며 성장합니다. 씨앗이 땅에 떨어져 흙에 묻히면 물과 햇빛을 통해 발아하게 되는데, 이는 인간이 부모의 사랑과 보살핌을 받으며 성장하는 과정과 유사합니다. 씨앗이 발아하기 위해서는 적절한 환경이 필요한 것과 마찬가지로 인간도 안정적이고 사랑이 넘치는 가정에서 자라야 건강하게 성장할 수 있습니다.

그래서 아이에게 필요한 영양과 정서적 지지를 제공해 주는 부모의 역할은 매우 중요합니다.

영아기에 부모는 아기의 기본적인 신체적 필요를 충족시켜야 합니다. 이는 모유 수유 또는 적절한 분유를 통해 아기의 영양을 충분히 공급해 주어야 하고, 아기의 피부를 청결하게 유지하고, 기저귀를 자주 갈아주어야 합니다. 또한 아기가 안전하게 탐색할 수 있는 환경을 제공해 주되 위험 요소를 제거해 주어야 합니다. 영아기는 정서적 유대감 형성이 중요한 시기입니다. 부모는 아기를 자주 안아주고, 사랑을 표현하여 안정감을 느끼게 해주어야 하며, 아기의 요구에 일관되게 반응함으로써 신뢰감을 형성하게 하고 아기와의 눈 맞춤, 미소, 목소리로 소통하며 정서적 유대감을 강화해야 합니다.

부모는 아기의 인지적 발달을 촉진하기 위해 다양한 자극을 제공해야 하며 아기에게 자주 이야기와 노래를 불러주어 언어 발달을 돕고, 다양한 장난감과 놀이를 통해 아기의 호기심을 자극하며, 탐색할 기회를 제공, 다양한 질감의 놀잇감, 다양한 소리와 색상을 경험할 수 있도록 환경을 조성해야 합니다. 부모는 아기가 사회적 기술을 배우는 데 중요한 역할을 합니다. 아기가 다른 아기들과 상호작용할 수 있는 기회를 제공하여 사회성을 키워야 하는데, 이때 부모가 다른 사람과 긍정적으로 소통하는 모습과 부모의 행동을 통해 아기는 사회적 상호작용을 배우게 됩니다.

부모는 아기가 안정감을 느낄 수 있도록 일상적인 루틴을 제공해야 하며 아기가 예측 가능한 일상을 통해 안정감을 느낄 수 있도록 도와야 합니다. 특히 부모가 일관된 양육 방식을 유지함으로써 아기가 부모에 대한 신뢰와 정서적 안정을 느끼도록 해야 합니다.

그래서 영아기 부모의 역할은 아기의 신체적, 정서적, 인지적, 사회적 발달을 지원하는 것이 매우 중요하기 때문에 부모는 아기의 기본적인 필요를 충족시켜 주고, 애정과 안정감을 제공해 주며 다양한 자극을 통해 아기의 성장과 발달을 촉진해야 합니다.

씨앗이 발아하여 작은 싹이 나오는 유묘단계는 인간의 유·아동이기에 해당합니다.

이 시기에는 식물이 뿌리를 내리고, 잎을 펼치며, 햇빛을 받아 성장하기 시작하는데 인간도 이 시기에 신체적, 정서적, 인지적으로 급격히 성장합니다. 아이들은 주변 세계를 탐험하고 다양한 경험을 통해 배우며 사회적 관계를 형성하게 되는데 이 단계에서 가장 중요한 것은 교육입니다. 식물이 햇빛과 물을 통해 성장하는 것처럼, 인간은 교육과 경험을 통해 지식과 사회성을 키워나갑니다. 그래서 아이들이 안전하게 탐색할 수 있는 환경을 제공해 주어야 하는 부모의 역할이 중요합니다.

유아기 교육은 유치원 교육을 말하는데 아동의 초기 발달에 매우 중요한 역할을 합니다.

기초 학습 능력을 개발하는 단계의 유치원교육은 교육의 첫걸음으로 시작하는 것으로 유아에게 기초적인 언어, 수학, 과학 등의 학습 능력을 기르는 첫 번째 단계입니다.

이 시기에 형성된 기초는 이후의 학습에 큰 영향을 미치게 되는데, 유치원에서는 또래와의 상호작용을 통해 사회적 기술을 배우고, 감정을 표현하고 조절하는 방법을 익히고 유아의 정서적 안정과 사회적 관계 형성에 중요한 역할을 하며, 다양한 활동(미술, 음악, 놀이 등)을 통해 유아의 창의성과 비판적 사고 능력을 개발하고 이러한 경험은 문제해결 능력을 키우는 데 도움이 됩니다. 또한 신체 활동과 놀이는 유아의 신체 발달을 촉진하고, 건강한 생활 습관을 형성하는 데 많은 기여를 하게 됩니다. 특히 이 시기에는 유아 스스로 학습하고 탐구하는 태도를 기르는 데 중점을 두고 자율적으로 학습할 수 있는 기반을 마련해 주는 것이 중요합니다.

〈작지만 커다란 씨앗처럼〉

작은 아이지만
부모의 큰사랑을 밑거름으로

많은 것을 보고 많은 것을 듣고
많은 것을 질문하고 많은 것을 경험하며

큰 세상을 꿈꾸는
큰 어른으로 성장할 것입니다.

*네가 만날
세상은*

아가야, 네가 만날 세상을 오감으로 마음껏 느껴보렴

 아기가 태어나 살아갈 세상에 대한 이야기는 긍정적이고 희망적인 메시지를 담아야 합니다.
 무한한 가능성을 가진 아기에게 우리가 해줄 수 있는 이야기는 그들의 상상력과 호기심을 자극하고, 긍정적인 가치관을 심어줄 수 있는 내용으로, 아기가 살아갈 세상의 아름다움과 다양성에 대해 이야기를 간단하고 감각적인 언어를 사용하여 아기가 쉽게 이해할 수 있도록 하는 것입니다. 아기에게 들려줄 수 있는 몇 가지 주제와 이야기의 예입니다.
 사랑이 가득한 세상을 이야기로 해줄 때는 아기가 태어나면서 주변의 가족과 친구들이 얼마나 사랑으로 가득 차 있는지를 이야기해 주세요. "너를 사랑하는 사람들이 아주 많단다. 엄마, 아빠, 할머니, 할아버지, 그리고 친구들이 너를 기다리고 있어."라는 메시지를 담아, 사랑이 세상을 어떻게 아름답게 만드는지를 이야기해 줄 수 있습니다.

자연의 아름다움을 느낄 수 있도록 아기가 자라면서 만날 자연의 아름다움에 대해 이야기해 줄 때는 "세상에는 아름다운 자연이 가득해. 푸른 하늘, 반짝이는 별, 그리고 다양한 색깔의 꽃들이 있어. 봄에는 꽃이 피고, 여름에는 나무가 푸르러져. 가을에는 나뭇잎이 노랗고 빨갛게 변하고, 겨울에는 하얀 눈이 내려. 자연은 매일매일 다른 모습을 보여준단다."

그리고 다양한 꽃들이 모여서 아름다운 노래를 부르는 이야기를 해줄 때는 각각의 꽃들이 자신의 색깔과 향기를 자랑하며 함께 조화를 이루는 모습을 이야기해 주세요.

숲속에 사는 동물들이 서로 도와가며 살아가는 이야기도 좋은 소재입니다.

각 동물의 특징을 살려서 살아가는 모습이나 서로에게 도움을 주고받는 친구가 되는 과정을 상상할 수 있도록 이야기해 주면 좋습니다. 예를 들어, 토끼가 다친 친구를 도와주거나, 다람쥐가 나무를 함께 오르는 이야기, 새들이 둥지를 틀고 먹이를 먹는 모습 등이나 "세상에는 많은 동물과 식물이 있어. 큰 코끼리, 빠른 치타, 그리고 귀여운 강아지와 고양이. 각 동물은 저마다의 특징과 성격을 가지고 있어."

비가 온 후에는 무지개가 나타나고, 그 무지개다리를 보며 다양한 색깔의 친구들을 만나는 이야기. 각 색깔의 친구들이 자신만의 특별한 재능을 가지고 있다는 내용을 담아 이야기해 주고, 자연현상을 보며 상상할 수 있도록 구름이 하늘을 떠다니며 세상을 구경하는 이야기 구름이 비를 내리거나 햇살을 가져다주는 과정을 통해 자연의 현상을 이야기해 주고, 밤하늘의 별들이 어떻게 생겼는지, 별들이 서로 친구가 되어 여행을 떠나는 이야기. 별들이 지구의 아이들에게 소원을 들어주는 따뜻한 이야기도 좋습니다.

세상에는 다양한 사람들과 문화가 있다는 것을 이야기해 주세요. "세상에는 여러 나라와 다양한 사람들이 있어. 각자 다른 모습과 이야기를 가지고 있지만, 모두가 소중한 존재야."라는 메시지를 통해 다양성을 존중하는 마음을 심어줄 수 있습니다.

"세상에는 다양한 사람들이 있어. 어떤 사람은 키가 크고, 어떤 사람은 작아. 어떤 사람은 피부색이 다르고, 어떤 사람은 머리카락 색깔이 달라. 모두가 다르지만, 그게 바로 세상을 특별하게 만들어. 우리는 서로 다른 점을 존중하고, 함께 어울려 살아갈 수 있단다."

그리고 "각 나라마다 다른 문화가 있어. 어떤 나라는 맛있는 음식을 만들고, 어떤 나라는 특별한 축제를 열어. 사람들은 각자의 전통과 이야기를 가지고 있지. 이런 다양성이 세상을 더욱 흥미롭고 즐겁게 만들어준단다."

"우리는 모두 다르지만, 그 다름이 우리를 특별하게 만들어 주거든. 친구가 다른 생각을 할 때는 그 친구의 이야기를 들어주고 이해하려고 노력하는 것이 중요하단다. 서로의 차이를 존중하면 더 좋은 친구가 될 수 있거든." 이렇게 아기에게 세상의 아름다움과 다양성을 이야기해 주면, 아기가 세상을 긍정적으로 바라보게 되고 다양한 사람들과 함께 할 수 있는 마음을 가질 수 있도록 도와줄 수 있습니다.

아기가 자라면서 꿈을 꾸고 이루어 나가는 과정을 알 수 있도록 "너는 무엇이든 될 수 있어. 꿈을 꾸고, 그 꿈을 향해 나아가면 멋진 일이 생길 거야."라는 희망적인 메시지를 전할 수도 있습니다. 세상에서 마주할 도전과 그로 인해 성장하는 과정을 이야기해 줄 때는 "때로는 어려운 일이 있을 수 있지만, 그걸 끝까지 포기하지만 않는다면 성공이 너를 기다리고 있단다."

"실패는 성공의 어머니야!": 실패를 두려워하지 않고, 그것을 통해 배우고 성장할 수 있다는 이야기와 "상상하는 것은 무한한 가능성이야!" "너의 머릿속에 있는 모든 상상은 현실이 될 수 있단다. 꿈을 꾸고, 그 꿈을 이루기 위해 노력해 보렴."

친구와의 소중한 관계에 대해 이야기해 줄 때는 "너는 많은 친구들을 만나게 될 거야. 친구들과 함께 놀고, 서로 도와주며 더 많은 것을 배우며 즐거운 시간을 보낼 수 있어."라는 내용을 통해 친구들과의 우정을 이야기해 줄 수 있습니다. "친구는 너에게 소중한 존재란다!"

사랑의 힘에 대해서는 "너는 사랑으로 가득 찬 세상에서 자라나고, 그 사랑을 다른 사람들과 나눌 수 있어!" 이런 이야기들은 아기가 성장하면서 긍정적인 가치관을 형성하고, 자신감을 가지고 세상을 탐험할 수 있도록 도와주게 됩니다.

아기야, 위를 보렴.
파란 하늘이 보이지? 뭉게구름도 있네.

저 숲을 보렴. 초록색의 나무들 보이지?
빨간 열매가 달렸어.

예쁜 꽃들이 보이니?
너에게 보여 주려고 꽃들이 활짝 피었네.
아기야, 무슨 소리가 들리네.
엄마의 다정한 목소리, 아빠의 뽀뽀 쪽 소리,

음식을 만드는 소리, 신나는 음악 소리
자동차 가는 소리, tv광고 소리...
엄마 뱃속에 있을 때 들었던 익숙한 소리지?

아기야, 불편할 때는 어떻게 해야 되지?
아직 말을 배우지 못했으니
울거나 웃는 것으로 대신해야겠네.
쉬~ 했거나 배고플 땐 울고
기분이 좋아지면 방긋 웃어주렴.

잠깐, 무슨 냄새가 나는 것 같은데
뭘까?
아~ 구수한 밥 냄새, 맛있는 음식냄새,

이처럼 아기는 자신의 감각기관을 이용해 처음으로 보고 듣고 먹고 냄새를 맡고 촉감으로 느껴보면서 세상을 온몸으로 배워갑니다.

좋은 엄마 되기

임신 중 엄마의 생활습관과 생활태도는 매우 중요합니다. 모든 것을 엄마로부터 받아 자라는 태아의 성장에 결정적인 영향을 주기 때문에 엄마의 건강이 곧 아기의 건강이라고 해도 과언이 아닐 것입니다. 그래서 좋은 엄마가 되려면 엄마 스스로 몸과 마음이 모두 건강하게 유지하는 것이 필요합니다.

엄마의 건강한 생활습관

건강한 몸을 유지하기 위해서는 건강한 식습관을 갖는 것이 필요합니다. 영양가 있는 음식을 섭취하고, 필요한 비타민과 미네랄을 충분히 섭취하는 것과 균형 잡힌 식단을 통해 태아의 건강을 지원해야 합니다. 그리고 의사와 상담하여 적절한 운동을 계획해보세요. 가벼운 운동은 체력을 유지하고 스트레스를 줄이는 데도 도움이 됩니다.

정기적인 산전 검진을 위하여 정기적으로 병원을 방문하여 태아의 건강 상태를 체크하고, 필요한 검사를 받는 것도 중요합니다.

엄마의 마인드 컨트롤

엄마의 정서는 아기에게 직접적으로 연결되기 때문에 엄마의 마인드 컨트롤은 중요합니다.

특히 스트레스는 태아에게 부정적인 영향을 줄 수 있기 때문에 임신 과정에서 긍정적인 마인드를 유지하는 것이 중요합니다. 엄마의 생활 속에서 갖는 긍정적인 생각은 스트레스를 줄이고, 태아에게도 좋은 영향을 미칩니다.

임신 중에는 기대감, 설렘, 기쁨, 불안감, 걱정 등 다양한 감정을 경험할 수 있는데 이러한 감정을 인정하고 받아들이는 것이 중요합니다. 또한 임신 중에는 예상치 못한 상황이 발생할 수도 있는데 이때 유연한 마음가짐으로 변화에 자연스럽게 적응해야 스트레스를 덜 받게 됩니다. 그리고 항상 자신을 돌보고 자기 자신을 사랑하는 마음으로 건강한 엄마가 되어야 건강한 아기를 낳을 수 있다는 것을 믿으며, 아기를 맞이할 그날을 기대하고 긍정적인 비전을 갖는 것이 임신 기간 동안의 편안한 정서를 유지할 수 있는 방법입니다.

엄마의 스트레스 관리는 무엇보다 중요합니다. 자신에게 맞는 다양한 방법으로 스트레스를 관리하며 임신과 출산에 대한 정보를 충분히 습득하고, 필요한 경우 전문가의 조언을 받거나 가족, 친구, 전문가와의 소통을 통해 정서적 지원을 받는 것도 좋은 방법이 될 수 있습니다.

엄마의 스트레스를 완화하기 위한 방법의 예는, 매일 몇 분씩 명상하거나 심호흡을 통해 마음을 진정시켜 보세요. 깊고 느린 호흡은 스트레스를 줄이고 마음을 안정시키는 데 도움이 됩니다. 규칙적인 운동은 가벼운 운동이나 걷기, 요가는 몸과 마음을 편안하게 해주며 엔도르핀을 분비시켜 기분을 좋게 만듭니다.

자연과 접촉해 보세요. 자연 속에서 시간을 보내는 것은 마음을 편안하게 해줍니다. 공원이나 정원에서 산책하거나, 자연의 소리를 듣는 것도 좋습니다.

좋아하는 취미를 만들어 활용해 보세요. 그림 그리기, 독서, 음악 감상, 글쓰기, 영화보기, 손뜨개질 등은 스트레스를 해소하고 마음을 편안하게 해줍니다.

긍정적인 생각을 유지하려고 노력해 보세요. 일상에서 감사하는 마음을 가지거나, 긍정적인 언행을 반복하는 것이 도움이 됩니다.

가족이나 친구와의 소통을 통해 정서적 지지를 받는 것도 도움이 되고, 자신의 감정을 나누며 주변에 도움을 요청하는 것도 좋습니다. 충분한 수면과 휴식을 취하세요. 피로는 스트레스를 증가시킬 수 있으므로, 몸과 마음을 회복할 시간을 가지는 것이 중요합니다.

창의적인 활동은 스트레스를 해소하고 마음을 편안하게 해주며, 성인용 컬러링북 색칠하거나 수채화 같은 간단한 그림 그리기를 시도해 보는 것도 좋습니다.

마음을 편안하게 해주는 책이나 긍정적인 메시지를 담고 있는 책을 읽는 것도 좋습니다.

소설, 에세이, 자기계발서 등 다양한 장르를 시도해 보세요.

새로운 레시피를 시도하거나 건강한 음식을 만들어 보는 것도 즐거운 활동이 될 수 있습니다. 요리는 창의력을 발휘할 수 있는 좋은 방법입니다.

자신의 감정이나 생각을 기록하는 일기는 마음을 정리하고 긍정적인 사고를 촉진하는 데 도움이 됩니다. 감사하는 일이나 좋은 경험을 적어보세요.

뜨개질, 바느질, 비즈 공예, 도자기공예, 꽃꽂이 등 손으로 만드는 활동은 집중력을 높이고 마음을 편안하게 해줍니다.

혼자서 감당하기 힘들다면 전문가와 상담하는 것도 좋은 방법입니다. 심리상담사 또는 임신 관련 전문가와의 대화는 마음의 부담을 덜어줄 수 있습니다.

이러한 다양한 방법들을 통해 임신 중 마음을 편안하게 유지할 수 있습니다. 각자의 상황에 맞는 방법을 찾아 실천해 보세요.

좋은 엄마가 되는 길

*작은 생명이 내게 온 날, 세상은 온통 찬란한 빛이었고
처음 해 보는 서툰 손끝에도 벅찬 사랑이 가득가득했습니다.*

*밤새도록 작은 숨소리 헤아리고 따뜻한 품으로 감싸안으며
아이의 웃음에 세상을 얻고 아이의 눈물에 마음이 아팠습니다.*

*욕심 없이, 서두름 없이 아이의 작은 걸음에 맞춰
세상의 아름다움을 보여주고
따뜻한 마음을 나누어 주고 싶습니다.*

*때로는 실수하고 넘어져도 아이 앞에서 부끄럽지 않은 모습으로
다시 일어서는 용기를 보여주며
아이와 함께 배우고 성장하고 싶습니다.*

세상이 주는 잣대에 흔들리지 않고
오직 사랑으로 아이를 이해하며
있는 모습 그대로 존중해주고 스스로 빛날 수 있도록 격려하는

그런 엄마가 되고 싶습니다.
아이의 가장 든든한 친구이자 가장 따뜻한 안식처가 되어주는
그런 좋은 엄마가 되고 싶습니다.

아이와 함께 걷는 소중한 시간들, 진심을 다해 살아가겠습니다.

좋은 아빠 되기

임신 중 아빠가 해야 하는 역할은 엄마처럼 직접적이지는 않지만 가까이에서 늘 함께하며 마음을 나누고 엄마와 아기의 건강을 위해 일상생활 속에서 관심을 갖고 도와주어야 합니다.

엄마의 건강한 생활은, 아빠가 함께하며 사랑의 힘으로 아기의 건강한 성장을 위해서 노력할 때 유지할 수 있습니다. 물론 아빠의 부드러운 말이나 태도 등은 가정의 분위기를 편안하게 만들면서 엄마가 불안을 느끼지 않고 정서적으로 안정감 있게 생활할 수 있게 해줍니다.

엄마와 아기를 위한 좋은 아빠가 되려면

정서적으로 지원해 주세요. 아내의 감정 변화를 이해하고 지지해 주며, 임신 중 호르몬 변화로 인해 감정이 불안정할 수 있으므로, 아내의 이야기를 잘 들어주고 공감해 주는 것이 중요합니다.

산전 교육 프로그램에 함께 참여해 보세요. 출산과 육아에 대한 지식을 쌓고, 아내와 함께 준비하는 과정에서 유대감을 강화할 수 있습니다. 임신과 출산에 대한 정보를 함께 공유해 보세요. 책이나 온라인 자료를 통해 서로의 이해를 높이고, 아내와 함께 의사와 상담하는 것도 좋은 방법입니다. 또한 임신과 육아에 관한 책을 읽고, 아내와 함께 내용을 공유하며 이를 통해 서로의 이해를 높이고, 대화의 주제를 만들 수 있습니다.

집안일이나 쇼핑, 요리 등에서 아내를 도와주세요. 특히 임신초기와 말기에는 아내가 힘들 수 있으므로, 적극적으로 도와주는 것이 필요한데, 그중에서도 집안일을 적극적으로 도와주세요. 청소, 요리, 쇼핑 등에서 아내를 도와주면 아내가 더 편안하게 임신 기간을 보낼 수 있습니다. 아내의 건강을 챙기고, 정기적인 산부인과 방문을 함께 하면서 건강한 식습관을 유지하고, 운동을 함께 하는 것도 좋습니다. 아내의 건강 상태를 수시로 체크하며 아내의 건강을 챙기는 것은 아빠로서의 책임입니다.

출산에 필요한 물품을 준비하고, 출산 계획을 함께 세우며 병원에 가는 방법이나 출산 시 필요한 사항들을 미리 정리해 두는 것이 좋습니다. 그리고 병원에 가는 경로와 필요한 서류를 미리 정리해 두는 것도 좋습니다.

아내와 수시로 대화를 통해 소통을 강화해 주세요. 서로의 생각과 감정을 솔직하게 나누는 것이 중요합니다. 아내가 필요로 하는 것이 무엇인지 자주 물어보고, 매일 아내와 대화를 나누는 시간을 가지며 서로의 감정이나 생각을 나누는 것이 중요합니다. 특히 아내의 기분이나 필요를 물어보는 것이 좋습니다.

긍정적인 태도를 유지하고, 아내에게 격려의 말을 자주 해주세요. 작은 일에도 감사의 표현을 잊지 않는 것이 좋습니다. 아내에게 긍정적인 피드백을 자주 해주며 아내의 노력을 인정해 주는 것도 좋습니다.

아내의 배에 손을 얹고 아기와 대화해 보세요. 아기가 태어나기 전부터 아기와의 유대감을 형성하는 데 도움이 됩니다. 이는 아빠로서의 역할을 미리 준비하는 데에도 도움이 됩니다.

아빠도 자신의 정신적, 신체적 건강을 챙기는 것이 중요합니다. 스트레스를 관리하고, 필요한 경우 친구나 가족과 이야기하는 시간을 가지세요. 이러한 역할을 충실히 수행하면 좋은 아빠가 되는 데 큰 도움이 될 것입니다. 아내와 함께 이 모든 과정을 즐기면서 서로의 소중한 경험을 나누는 것이 중요합니다.

스트레스를 관리하는 방법으로 운동, 취미 활동, 친구와의 대화 등을 통해 정신적 건강을 유지하는 것이 중요합니다. 주말이나 여유로운 시간에 아내와 함께 산책하거나 외출하는 시간을 가지면 서로의 관계를 더욱 돈독히 할 수 있습니다.

아빠가 임신 중 엄마와 함께 참여할 수 있는 활동이나 클래스

출산 과정, 아기 돌보기, 모유 수유 등 다양한 주제를 다루는 산전 교육 클래스에 참여해 보세요. 출산에 대한 이해를 높이고, 아내와의 유대감을 강화하는 데 도움이 됩니다. 임산부 요가나 필라테스 클래스에 함께 참여해 보세요. 아내의 몸과 마음을 편안하게 하고, 출산 준비에 도움이 됩니다.

임신 중의 변화와 감정에 대해 이야기할 수 있는 부부 상담 섹션에 참여해 보세요. 전문가의 도움을 받아 서로의 생각과 감정을 나누는 것은 중요한 일입니다. 출산 시 필요한 기술과 정보를 배우는 클래스에 함께 참여해 보세요. 호흡법, 진통 완화 기술 등을 배울 수 있습니다.

아기가 태어난 후 필요한 기본적인 돌보기 기술을 배우는 클래스에 참여해 보세요. 기저귀 갈기, 목욕시키기, 수유 방법 등을 배우면 아기를 돌보는 데 도움이 됩니다.

임신과 육아에 관한 다양한 주제를 다루는 워크숍에 참여해 보세요. 예를 들어, 아기와의 유대감 형성, 부모 역할에 대한 이해 등을 다룰 수 있는 내용이면 많은 도움을 줄 수 있습니다.

함께 산책하거나 자연을 탐방하는 시간을 가지세요. 신선한 공기를 마시고, 아내의 기분을 좋게 하는 데 도움이 됩니다. 건강한 식단을 위한 요리 클래스에 함께 참여해 보세요. 임신 중 필요한 영양소를 고려한 요리를 배우는 과정에서 즐거움을 느낄 수 있습니다. 함께 그림 그리기, 도자기 만들기, 공예 등을 해보세요. 창의적인 활동은 스트레스를 줄이고, 서로의 관계를 더욱 돈독히 할 수 있습니다. 임신 중에도 즐길 수 있는 영화나 공연을 함께 관람해 보세요. 편안한 분위기에서 즐거운 시간을 보낼 수 있습니다.

이러한 활동들은 아내와의 유대감을 강화하고, 함께하는 경험을 통해 서로의 감정을 나누고, 소중한 추억도 만들 수 있습니다.

부부가 함께할 수 있는 산책 코스나 다양한 활동

근처의 공원이나 정원에서 산책하세요. 자연을 느끼며 대화를 나누는 좋은 기회가 될 것입니다. 특히, 벚꽃이 피는 봄이나 단풍이 아름다운 가을에 가면 더욱 좋습니다.

가까운 산이나 자연 보호구역에서 하이킹을 즐기세요. 적당한 난이도의 코스를 선택하면 건강에도 좋고, 아름다운 경치를 감상할 수 있습니다. 해변이나 호숫가에서 산책하는 것도 좋은 선택입니다. 바다의 소리와 함께 걷는 것은 매우 편안한 경험이 될 수 있습니다.

자전거를 타고 주변을 탐방해 보세요. 자전거 도로가 잘 마련된 곳에서 함께 즐거운 시간을 보낼 수 있습니다. 도심의 명소나 역사적인 장소를 탐방하며 걷는 것도 좋은 방법입니다. 카페나 레스토랑에 들러 휴식을 취할 수도 있습니다.

근처의 농장에서 과일 따기나 채소 수확 체험을 해보세요. 자연과 가까워지고, 함께 수확한 것을 나누는 즐거움이 있습니다. 조류 관찰이나 식물 관찰을 하며 산책하는 것도 흥미로운 활동입니다. 자연에 대한 관심을 함께 나눌 수 있습니다. 아름다운 경치를 배경으로 사진을 찍으며 산책하세요. 서로의 모습을 담아 추억을 남길 수 있습니다. 공원이나 자연 속에서 피크닉을 즐기세요. 간단한 음식을 준비해 가서 함께 나누는 즐거운 시간을 가질 수 있습니다.

조용한 장소에서 함께 명상이나 요가를 해보세요. 마음을 가라앉히고 서로의 존재를 느끼는 좋은 시간이 될 것입니다.

이러한 활동들은 아기와 엄마, 아빠 모두가 함께하는 시간을 더욱 의미 있게 만들어 줄 것입니다. 엄마와 아기의 스트레스를 줄이고, 건강에도 긍정적인 영향을 줄 수 있습니다.

〈좋은 아빠가 되는 길〉

*세상에 작은 생명 하나 기적처럼 찾아왔을 때
내 안에 새로운 세상이 열렸죠.*

*어깨에 무거운 짐 하나 더한 듯, 아닌가?
따스한 온기 하나 더한 듯 낯설고 설레는 이름, '아빠'.*

서툰 손으로 안아보고 우는 아이 등 토닥이며
밤새도록 함께 깨어있기도 했습니다.

세상의 좋은 것들만 보여주고 싶어 작은 손잡고 함께 걸을 때
세상이 달리 보이기 시작했죠.

화날 때도 있지만 그 작고 여린 얼굴 보면
스르르 마음 녹아내립니다.

완벽하지 않아도 괜찮아요.
함께 웃고 울고 부딪히며 사랑을 배우고 또 가르치죠.

세월 흘러 아이 자라 제 갈 길 찾아갈 때
조용히 뒤에서 바라보는 그 마음.

그것이 어쩌면 가장 좋은 아빠가 되는
가장 솔직한 발걸음일 겁니다.

매일매일 함께 성장하며 서로에게 가장 큰 힘이 되는 것.
좋은 아빠의 길을 걷고 싶습니다.

2장.
멈추지 않는 시계처럼
(성장과정)

아이의 첫걸음

뒤집다가 기다가 앉다가 잡고 일어서고 한 발짝 떼기까지 아기는 수천수만 번을 반복하며 드디어 첫걸음 시작합니다. 이 과정에서 아기는 아무리 힘들어도 포기하지 않습니다. 넘어지고 일어나기를 계속 반복하고 또 반복하며 걸을 때까지 포기하지 않고 최선을 다하는 아기는 무엇이든 할 수 있는, 결국에는 해 내고야 마는 대단한 존재입니다.

아기는 멈추지 않는 시계처럼 오늘도 자라고 내일 또 자라고 매일 성장합니다.

"와! 우리 아가, 여기야 여기. 이리 오렴." 엄마와 아빠는 그저 신기할 따름입니다.

아기는 첫걸음을 떼기까지의 과정에서 늘 부모에게 감동을 선물해 줍니다.

아기의 걸음마 단계는 아기의 신체 발달과 운동 능력에 따라 다르지만, 일반적으로 다음과 같은 단계로 진행됩니다. 아기는 태어난 직후에는 머리를 가누지 못하지만, 1~3개월이 지나면서 목 근육이 발달하여 머리를 들 수 있게 됩니다. 이 단계에서 아기는 주변을 바라보며 시각적 자극을 받습니다. 아기가 목을 가누기 시작하면, 상체를 지탱할 수 있는 근육이 발달하기 시작하고 이 단계에서는 주로 배를 바닥에 대고 기는 연습을 하게 됩니다. 아기가 배로 기는 연습이 끝나면 팔과 다리를 사용하여 몸을 뒤집기 시작하고 6~7개월이 되면 자기 몸을 조절하는 능력을 발달시킵니다.

7~8개월이 되면 아기는 자신의 몸을 조절하며 스스로 앉는 연습을 시작하게 됩니다. 이때 아기는 몸의 균형을 잡고, 주변을 탐색하며, 손으로 물건을 잡고 조작하는 능력을 키웁니다.

이후 9~10개월이 되면 아기는 배를 기거나 네 발로 기어다니며 주변 환경을 탐색하고, 이동하는 즐거움을 느끼게 됩니다. 다리에 힘이 생긴 아기는 가구나 다른 물체를 잡고 일어설 수 있는 능력을 발달시킵니다. 이 과정에서 아기는 다리 근육을 더욱 강화하고 균형 감각도 갖게 됩니다. 10~12개월이 되면 아기는 잡고 서 있는 상태에서 한 발씩 내딛는 연습을 시작하고, 이때부터는 부모나 보호자의 손을 잡고 걸음마를 연습하게 됩니다.

12개월 전후로 드디어 아기는 스스로 균형을 잡고 첫걸음을 내딛는 순간을 맞이하게 되고, 이로 인해 아기는 자신감을 얻고, 걷는 것이 얼마나 재미있는지를 깨닫게 됩니다.

아기는 점차적으로 걷는 능력을 발전시키고, 더 빠르고 안정적으로 걸을 수 있게 되는데 이후부터 아기는 다양한 방향으로 이동하고, 뛰거나 구르는 등의 활동도 시도하게 됩니다.

이러한 발달 단계는 아기마다 다를 수 있습니다. 어떤 아기는 더 빠르거나 느리게 발달할 수 있습니다. 그러나 중요한 것은 아기가 각 단계를 즐기고, 안전하게 탐색할 수 있도록 부모가 옆에서 지원하는 것입니다.

부모의 지원

아기의 걷기 연습을 도와주기 위해 부모가 지원할 수 있는 방법은 여러 가지가 있습니다.

아기가 걷기 연습을 할 수 있는 안전한 공간을 마련해 주세요. 바닥은 부드러운 카펫이나 매트를 깔고, 날카로운 모서리나 위험한 물건은 치워야 합니다. 아기가 일어설 때 가구나 벽을 잡을 수 있도록 주변에 안정적인 지지대를 제공해 주세요. 아기가 잡고 일어설 수 있는 낮은 테이블이나 의자를 활용할 수 있습니다.

아기의 손을 잡고 함께 걷는 연습을 해주세요. 아기가 균형을 잡는 데 도움이 되며 자신감을 키울 수 있습니다. 아기가 끌고 다닐 수 있는 장난감이나 보행기를 제공하여 걷는 재미를 느끼게 해주세요. 아기가 걷는 동안 지지대 역할을 하기도 합니다.

아기가 걷는 동안 긍정적인 피드백을 주고 격려해 주세요. 아기가 조금이라도 걷거나 일어설 때마다 칭찬해 주면 자신감을 더욱 높일 수 있습니다.

부모가 걷는 모습을 자주 보여주세요. 부모가 걷는 모습을 보고 따라 하려는 마음에 아기의 걷는 연습에 도움을 줄 수 있습니다.

아기와 함께 놀이를 하면서 걷는 연습을 해 보세요. 예를 들어, 아기가 좋아하는 장난감을 멀리 두고 아기가 그것을 향해 걸어가도록 유도할 수 있습니다.

아기가 걷는 과정에서 넘어지거나 실패할 수 있음을 이해하고, 인내심을 가지고 기다려 주세요. 아기가 스스로 다시 일어설 수 있도록 도와줍니다. 아기의 이러한 발달단계는 누가 가르쳐주어서 하는 것이 아니고, 아기 스스로 셀 수없이 많은 연습을 통해 스스로를 발달시키고 있는 것입니다. 이 과정에서 부모는 매 순간 스스로 도전하며 발달시켜 가는 아기의 모든 움직임을 직접 눈으로 확인하실 수 있으며 경이로운 아기의 모습에 감동을 받게 될 것입니다.

어쩌면 이때부터 아기는 한 인간으로서 스스로 독립적으로 살아가기 위해 자신의 삶을 시작하며 노력하는 것인지도 모르겠습니다. 부모의 소유가 아닌 한 인격체로서 말이지요.

아기는 부모가 **믿어주는** 만큼 해 내고 기대하는 만큼 자신을 발달시켜 간다고 합니다.

먼 훗날, 독립적인 한 인간으로 당당히 세상으로 나아갈 수 있도록 지금부터 기대하고 믿어주세요.

아이의 첫 경험

아기가 세상에 나와 처음 만난 사람은 의사 또는 간호사 다음으로 엄마, 아빠일 것입니다.

"아가야! 엄마야. 아빠도 있어."
'어디서 많이 들어보던 소리인데….'라고 아기는 생각할 것입니다.
아기는 태어나자마자 엄마, 아빠의 목소리를 시작으로 끊임없이 많은 자극을 받게 되는데 보고, 듣고, 만지고, 냄새도 맡고, 맛도 알게 되고, 이 외에도 수많은 경험들을 하게 됩니다.
가장 먼저 아기는 태어날 때, 태내에서 해 보지 않았던 호흡, 첫 호흡을 하며 외부 세계를 알게 됩니다. 이렇게 호흡을 시작하며 아기의 삶은 시작됩니다.
아기는 자신의 몸에서 느낄 수 있는 다섯 가지 감각을 이용해 드디어 첫 경험을 시작합니다.
촉각, 아기는 태어날 때부터 촉각을 통해 세상을 인식하기 시작합니다. 피부에 닿는 감촉, 온도, 압력 등을 통해 주변 환경을 탐색합니다. 특히, 부모의 피부와의 접촉은 아기에게 안정감을 줍니다. 아기는 따뜻한 환경과 차가운 환경의 차이를 느낄 수 있습니다. 예를 들어, 따뜻한 물에 담그거나 차가운 공기에 노출될 때의 감각을 경험합니다.

후각, 아기는 태어날 때부터 냄새를 인식할 수 있습니다. 특히, 엄마의 냄새를 인식하는 데 민감하며 이는 아기와 엄마의 유대감을 형성하는 데 중요한 역할을 합니다. 엄마의 냄새는 아기에게 안정감을 주고, 모유의 냄새는 아기가 먹이를 찾는 데 도움을 주며, 이유식을 시작하면서부터는 다양한 음식의 냄새를 경험하게 되는데 이는 미각과도 연결되어 있습니다.

시각, 태어난 직후 아기는 시력이 매우 제한적이지만 빛과 어둠은 구분할 수 있습니다. 처음에는 20~30cm 거리의 물체를 가장 잘 인식하며 주변의 빛과 색을 인식하기 시작합니다. 생후 몇 주가 지나면서 점차 발달하며 처음에는 흐릿하게 보이지만 점차적으로 시력이 발달하면서 가까운 거리의 물체를 인식하고, 이후 더 많은 물건들과 색깔들, 많은 현상들을 인식하게 되며 생후 몇 주 이내에 부모의 얼굴을 인식하고, 이를 통해 사회적 상호작용을 시작합니다.

청각, 아기는 태어날 때부터 소리를 인식할 수 있습니다. 부모의 목소리, 주변의 소음 등 다양한 소리를 듣고 반응하게 됩니다. 특히, 부모의 목소리나 익숙한 소리는 아기에게 안정감을 줍니다. 주변에서 들리는 다양한 소리들에도 아기는 반응하게 되는데 (예를 들어, 음악, 동물 소리, 사람들의 대화 등) 이는 언어 발달에 중요한 영향을 미칩니다.

미각, 아기는 생후 몇 개월이 지나면서 다양한 맛을 경험하게 됩니다. 처음에는 모유나 분유의 맛을 느끼고, 이후 이유식을 시작하면서부터 다양한 맛을 접하게 됩니다.

과일, 채소, 고기 등 다양한 맛을 접하면서 미각 발달에 중요한 역할을 합니다.

또한 아기는 부모와의 첫 상호작용을 통해 사회적 유대감을 형성하는데 눈 맞춤, 미소, 목소리의 억양 등을 통해 감정을 교류합니다. 아기는 태어난 후 자신의 몸을 움직이는 경험을 하며 팔과 다리를 흔들거나, 몸을 뒤척이는 등의 움직임을 통해 자신의 신체를 인식하게 됩니다. 아기는 태어날 때부터 수면과 각성 주기를 경험하고, 이 과정에서 생체 리듬이 형성되기 시작합니다.

이러한 감각들은 아기가 외부 세계를 인식하고, 주변 환경과 상호작용하는 데 중요한 기초가 되며 감각적 경험을 통해 점차적으로 세상을 이해하고, 자신과 주변의 관계를 형성하기 시작합니다.

아가야, 엄마랑 아빠야!
앞으로 잘 먹고, 잘 자고, 잘 놀고, 잘 자라렴

아기와 부모의 관계에서 첫 경험은 아기의 정서적, 사회적 발달에 중요한 영향을 미칩니다.

아기는 태어날 때부터 부모와의 신체적 접촉을 통해 애착을 형성하고 부모의 품에 안기거나 스킨쉽을 통해 안정감을 느끼는데, 이는 아기와 부모 간의 신뢰를 구축하는 데 중요한 역할을 합니다. 아기는 부모의 다정한 목소리와 밝은 표정을 통해 소통을 시작하며, 생후 몇 주 이내에 부모의 목소리에 반응하고, 미소나 울음으로 자신의 감정을 표현하는데 이는 부모와의 상호작용을 촉진하게 해줍니다.

아기는 부모의 반응을 통해 자신의 감정을 표현하는 방법을 배우게 됩니다. 예를 들어, 부모가 아기의 웃음을 보고 같이 웃어주거나 울음에 반응해 줌으로써 아기는 자신의 감정이 중요하다는 것을 인식하게 됩니다. 아기는 부모의 존재를 통해 편안하고 안전함을 느끼게 되는데 부모가 아기를 사랑으로 돌보고 정성껏 보호해 주는 모습을 보면서 아기는 세상에 대한 신뢰를 쌓아갑니다. 아기는 부모와의 상호작용을 통해 사회적 기술을 배우기 시작하며, 부모와의 놀이, 대화, 눈 맞춤 등을 통해 아기는 사회적 신호를 이해하고 반응하는 법을 익힙니다.

아기는 부모의 행동을 관찰하고 모방함으로써 사회적 행동을 배우게 되는데 부모가 어떻게 대화하는지, 감정을 어떻게 표현하는지, 문제를 어떻게 해결하는지를 보면서 아기는 자신의 행동을 형성해 나갑니다. 이러한 첫 경험들은 아기의 정서적 안정성과 사회적 발달에 중요한 기초를 제공하며, 이후의 대인 관계 형성에도 큰 영향을 미칩니다.

아기를 돌본다는 것은 그리 쉽지만은 않습니다. 처음 보는 것들, 처음 만져보는 것들, 처음 들어본 것들, 처음 먹어보는 것들 등 궁금한 것이 많은 아기는 보이는 대로 만지고, 먹고, 여기저기 돌아다닙니다. 지켜보기도 하고 놀아주며 따라다니기도 하며 아기와 하루 종일 함께 있다 보면 지치기도 합니다.

오래전 제가 육아 중일 때가 생각납니다.

계속 안아달라고 하며 보채는 아기 때문에 늘 안고 있다 보면 팔도 저리고 너무나 힘들었던 시기가 있었습니다. 엄마의 껌딱지가 된 아기 덕분에 잠시도 휴식을 취할 수 없는 그때 집에 손님이 오셔서 예쁘다면서 아기와 함께 안아주며 놀아주었는데 그 틈을 타서 잠시 쉴 수 있었던 그 순간이 얼마나 고마웠는지 모릅니다. 지금 생각해도 그 짧은 휴식이 너무나 달콤했던 기억이 납니다. 매일 손님이 왔으면 좋겠다는 생각을 했던….

그래서 그런지 지금도 아기를 안고 있는 엄마를 보면 나도 모르게 안아주고 엄마를 쉬게 해 주고 싶다는 마음이 생기는 것 같습니다.

아기를 돌본다는 것은 자신의 사랑스러운 아기가 아니라면 할 수 없는 일인 것 같습니다.

잘 놀다가 아기가 잠이 오기 시작하면 그냥 쉽게 잘 자는 아기도 있지만 잠투정을 하는 아기도 있습니다. 안아서, 업어서, 토닥토닥하면서 어렵게 잠을 재웁니다. 아기가 천사의 얼굴로 자는 모습을 보면 그제야 자신의 낳은 아이라는 것이 신기하면서도 뿌듯함을 느끼며 엄마는 편안한 휴식시간을 갖습니다.

참 쉽지 않죠? 그래도 우리는 아기의 귀엽고 사랑스러움을 생각하면서 언제 그랬냐는 듯 모두 추억으로 넘기며 다시 시작하는 것 같습니다.

아기는 앞으로도 계속 도전하며 첫 경험을 즐기겠죠?

부모의 교육철학
(가치관 형성)

"아가야, 너는 어떤 꽃을 피울래?"
"아가야, 네가 무엇을 하든 엄마랑 아빠는 너를 항상 응원할 거란다."

아기가 바라보는 엄마와 아빠는 세상 전부입니다. 부모를 통해서 세상을 알고 부모를 통해서 모든 것을 배우게 되며 부모를 통해 가치관도 형성됩니다.

그래서 어느 정도 성장했을 때의 아이를 보면 아이의 성장과정이나 부모의 교육관 등 가정의 모습을 연상할 수 있게 되는 것입니다. 이처럼 부모는 아기에게 절대적인 존재로 아기는 스스로 독립하기까지 부모가 보여주는 대로, 들려주는 그대로 배우며 부모의 영향을 받을 수밖에 없는 존재인 것입니다. 그래서 아기의 올바른 성장을 돕기 위해서는 먼저 부모의 가치관을 재정립하는 것이 필요합니다. 엄마의 생각과 아빠의 생각을 모아 어떤 가치관을 심어줄 것인지를 정하고 그 가치관에 맞는 교육철학을 만들어 보는 것입니다.

먼저 부모가 중요하게 생각하는 가치(예: 정직, 책임감, 배려 등)를 정리합니다. 머릿속에 떠오르는 가치 단어를 종이에 적어보면 어떤 가치를 자녀에게 심어주고 싶은지를 시각적으로 정리하는 데 도움이 되고, 이를 통해 아이에게 어떤 가치를 전달하고 싶은지 명확히 할 수 있습니다. 다음은 부모가 전하고자 하는 핵심 가치와 자녀가 흥미를 느끼는 활동을 연결합니다. 정리한 가치관과 구체적인 활동을 바탕으로 교육철학을 문서화하면 그 문서는 부모가 자녀를 교육하는 데 있어 나침반 역할을 하게 됩니다. 예를 들어, 정직을 중요시한다면, 생활 속에서 자녀와 함께 정직한 행동을 실천하는 활동을 계획해 볼 수 있습니다.

이렇게 정해진 교육철학을 일상생활에서 실천해 볼 때 부모가 직접 모범을 보이는 것이 중요합니다. 자녀는 부모의 행동을 보고 배우기 때문에 부모가 원하는 가치관을 스스로 실천하는 모습을 보여주는 것이 가장 효과적인데 부모의 행동과 가치관을 일관되게 보여줌으로써 아이는 자연스럽게 이를 배우고 내면화할 수 있게 됩니다.

예를 들어 자녀와의 대화, 행동, 그리고 결정 과정에서 부모의 가치관을 반영해 보세요.

아이와의 열린 대화는 가치관에 대한 이해를 돕습니다. 아이가 질문을 하거나 자신의 생각을 표현할 수 있는 환경을 조성하여 다양한 가치에 대해 논의하고 사고할 기회를 제공합니다.

몇 가지 사례를 소개해 보겠습니다.

부모가 일상에서 정직하게 행동하는 모습을 보여주세요. 예를 들어, 상점에서 거스름돈을 잘못 받았을 때 이를 바로잡는 행동을 통해 아이에게 정직의 중요성을 가르칠 수 있으며, 아이는 부모의 행동을 통해 정직함이 중요한 가치임을 자연스럽게 배우게 됩니다.

매일 저녁 가족이 함께 모여 하루 동안 감사한 일을 나누는 시간을 가져 보세요. 아이가 감사한 일을 이야기하도록 유도하면, 긍정적인 사고방식을 기를 수 있습니다.

지역 사회 봉사 활동에 가족이 함께 참여해 보는 것도 좋습니다. 예를 들어, 노인 요양원 방문이나 환경 정화 활동에 참여함으로써 아이가 사회에 기여하는 경험을 하게 할 수 있습니다. 그러면 아이는 공동체의 일원으로서의 책임감을 느끼고, 타인을 돕는 것의 중요성을 이해하게 됩니다.

아이가 자신의 생각이나 감정을 표현할 수 있도록 격려하고, 부모가 이를 진지하게 경청해 주세요. 예를 들어, 아이가 친구와의 갈등에 대해 이야기할 때, 부모가 중립적인 자세로 들어주고 조언을 제공하는 방식입니다. 그러면 아이는 자신의 의견이 존중받는다는 느낌을 받고, 타인의 의견을 경청하는 태도를 배울 수 있습니다.

가족의 중요한 결정을 내릴 때 아이를 참여시켜 보세요. 예를 들어, 가족 여행지를 정할 때 아이의 의견을 물어보고, 그 의견을 고려하여 결정하게 되면 이 과정에서 아이는 자신의 의견이 중요하다는 것을 느끼고, 책임감 있는 결정을 내리는 과정을 배우게 됩니다.

또 하나, 자녀의 성장과 변화에 따라 교육철학을 정기적으로 점검하고 조정합니다. 자녀가 새로운 경험을 통해 어떤 가치관을 받아들이고 있는지 관찰하고, 자녀와의 대화를 통해 아이의 생각과 느낌을 듣고, 부모의 가치관이 어떻게 전달되고 있는지 확인해 보며 다양한 경험을 통해 아이가 가치관을 형성할 수 있도록 돕습니다. 자원봉사, 공동체 활동, 문화 체험 등을 통해 아이는 다른 사람들과의 관계에서 중요한 가치들을 배우게 되고, 다양한 관점을 이해함과 동시에 비판적으로도 사고할 수 있게 되면서 특정 가치나 신념에 대해 질문하고, 그 이유를 탐구하는 과정을 통해 아이는 자신의 가치관을 형성하는 데 필요한 사고 능력을 기를 수 있습니다.

끝으로 가정 내에서 일관성 있는 규칙과 경계를 설정함으로써 아이는 책임감과 규율을 배우게 됩니다. 이러한 규칙은 아이가 사회에서 필요한 가치관을 이해하는 데 도움을 주게 되고, 아이가 자신의 감정을 이해하고 표현할 수 있도록 지원해주면 감정적 지지를 통해 아이는 자신과 타인의 감정을 존중하는 법을 배우게 됩니다. 이렇게 부모의 가치관을 바탕으로 교육철학을 만드는 과정은 자녀의 성장에 긍정적인 영향을 미칠 수 있으며 이 과정을 통해 부모와 자녀 간의 관계가 더욱 깊어지고, 자녀가 건강하게 성장할 수 있는 기반을 마련할 수 있습니다.

그러면 가정에서 아이의 가치관 형성에 도움을 줄 수 있는 구체적인 활동이나 방법은 어떤 것들이 있을까요?

다양한 주제의 책을 함께 읽고, 그 내용에 대해 이야기를 나누면서 책 속의 인물이나 상황을 통해 도덕적 딜레마나 가치에 대해 논의해 볼 수 있으며, 지역 사회에서 자원봉사 활동에 참여해 봄으로써 도움이 필요한 사람들을 돕는 경험을 통해 배려와 공감의 가치를 배울 수 있습니다. 정기적으로 가족회의를 열어 각자의 의견을 나누고, 중요한 결정에 대해 함께 논의해 보세요. 이를 통해 민주적 의사결정 과정과 존중의 가치를 배울 수 있습니다.

다양한 상황을 설정하고 역할놀이를 통해 문제 해결이나 갈등 해결을 연습하면 이를 통해 타인의 입장을 이해하고, 공감 능력을 기를 수 있습니다.

아이가 자신의 감정을 기록할 수 있는 일기를 쓰게 하면 감정을 표현하고 반성하는 과정을 통해 자기 이해와 감정 조절 능력을 키울 수 있습니다.

특정 가치(예: 정직, 책임감, 존중)에 대해 이야기하고, 그 가치가 왜 중요한지, 어떻게 실천할 수 있는지에 대해 논의해 보는 것도 좋은 방법입니다.

다양한 문화와 전통을 경험할 수 있는 활동에 참여하면 다른 문화에 대한 이해를 통해 다양성과 포용의 가치를 배울 수 있고, 아이가 스스로 목표를 설정하고 이를 달성하기 위한 계획을 세우도록 돕는다면 목표를 이루는 과정에서 인내와 노력의 가치를 배울 수 있습니다.

자연 속에서 시간을 보내며 환경 보호의 중요성을 배우게 하면 자연을 존중하고 보호하는 가치관을 형성할 수 있습니다.

이외에도 가족과 함께 자원봉사 활동에 참여하는 방법도 있는데 이런 활동은 가족의 유대감을 강화하고, 아이에게 사회적 책임감과 배려의 가치를 가르치는 데 큰 도움이 되는데, 예를 들어 지역 사회 센터나 복지관에서 진행하는 프로그램에 참여하여 노인이나 아동을 돕는 활동을 할 수 있습니다. 예를 들어, 노인과의 대화, 아동 학습 지원 등이 있고, 공원이나 해변에서 쓰레기를 줍는 환경 정화 활동에 참여하며 자연을 보호하는 중요성을 배우고, 지역 사회에 기여하는 경험을 할 수 있습니다.

그리고 지역의 도움이 필요한 사람들에게 직접적인 도움을 줄 수 있는 기회가 되고, 동물 보호소에서 자원봉사하여 유기 동물 돌보기, 산책시키기, 청소 등의 활동을 할 수 있는데 이는 동물에 대한 사랑과 책임감을 배울 수 있으며, 가족이 함께 기부할 물품을 모아 지역 사회의 도움이 필요한 사람들에게 전달하는 캠페인에 참여하며 기부의 의미와 나눔의 가치를 배울 수도 있습니다.

가족의 각자가 가진 재능(예: 음악, 미술, 요리 등)을 활용하여 지역 사회의 아동이나 노인에게 수업을 제공하는 활동을 할 수 있고, 이웃 중 도움이 필요한 가정을 찾아가서 집안일을 도와주거나, 장을 봐주는 등의 활동을 통해 이웃과의 관계를 돈독히 할 수 있습니다.

이러한 모든 활동들은 가족이 함께 협력하고 소통하는 기회를 제공하며, 아이에게 긍정적인 가치관을 심어주는 데 큰 도움이 됩니다. 이처럼 부모의 가치관에 따라 교육철학과 교육의 방법이 정해지게 되므로 신중하게 계획을 세워 부모가 함께 일관되게 노력하는 것이 필요할 것입니다.

아이는 맑은 거울입니다.
티 없이 깨끗한 눈망울로 세상을 담아내지요.

부모의 작은 몸짓 하나
사소한 말투 하나까지도 고스란히 담아냅니다.

때론 우리의 숨기고 싶은 모습도
숨김없이 비추어 보여주어 얼굴이 붉어지게 합니다.

때론 우리가 잊고 있던 아름다움을
새롭게 반짝이며 보여주어 가슴 벅찬 미소를 짓게 합니다.

아이는 우리를 비추는 거울이기에
우리가 어떤 모습으로 서 있는지 늘 돌아보게 합니다.

가장 정직한 스승인 아이 앞에서
우리는 매일 새롭게 배우고 더 나은 우리가 되려 노력합니다.

아이는 부모의 거울입니다.
사랑으로 닦을수록 더욱 빛나는 거울입니다.

질문하는 아이

"엄마, 이거 뭐야?" "아빠, 저거 뭐야?"

아기가 옹알이를 시작으로 말을 배우기 시작하면 가장 먼저 하는 말로 "엄마, 이거 뭐야?"라는 질문을 하는데 같은 말을 계속 반복해서 물어봅니다.

엄마는 차분하게 대답해 줍니다. 한번, 두 번, 세 번, 아이는 계속해서 물어봅니다.

끊임없이…. 이렇게 아이의 계속되는 질문은 세상을 알아가는 방법이며 세상을 바꿀 힘의 원천이 되기도 합니다.

부모 또한 아이에게 좋은 질문을 할 수 있어야 합니다.

부모의 진화된 좋은 질문은 아이에게 새로운 이정표가 되어주기도 하니까요.

모든 것이 신기하고 궁금한 호기심 많은 아기는 보고 듣는 대로 질문하며 지적 욕구를 채워 가는데 이때 아이의 이야기를 정성껏 들어주고 부모가 공감해주며 이야기를 나눠주는 것은 아이에게 무한한 세상을 알려주는 시작이 되며 한 걸음 한 걸음 앞으로 나아가며 세상을 알아가고 수많은 것들 속에서 배움으로 성장할 수 있는 밑거름이 되면서 부모에 대한 무한 신뢰도 쌓이게 됩니다.

반대로 아이가 질문을 하지 않는다면 부모의 양육 태도를 한번 점검해 볼 필요가 있습니다.

아이가 자유롭게 질문할 수 있는 환경을 만들어 주었는지, 질문을 막지는 않았는지 말입니다.

우리가 질문을 던진다는 것은, 마음에 피어나는 호기심과 궁금증을 외면하지 않고 기꺼이 들여다보며 답을 찾아가는 여정을 시작하는 것과 같아서 그렇게 스스로 찾아낸 답들은 지식으로만 남는 것이 아니라 우리 마음 깊숙이 스며들어 내면의 힘이 되어줍니다.

또, 질문을 통해 다른 사람과 생각들을 나누다 보면 혼자서는 미처 보지 못했던 새로운 세상을 만나기도 하고, 서로에게 배우며 함께 자라나게 됩니다. 그 과정 속에서 우리는 주어진 삶을 수동적으로 따라가는 대신, 스스로 길을 만들어가는 능동적인 사람이 되고, 더 나아가 세상 속에서 **활짝 피어나 적극적으로 어울릴 수 있는 단단한 뿌리를 내리게 됩니다.**

고대 그리스의 철학자인 소크라테스 (Socrates)는 Socratic Method의 질문 기법을 사용하여 사람들에게 깊이 있는 사고를 유도했습니다. 그는 대화 상대에게 질문을 던져 그들의 생각을 명확히 하고, 진리를 탐구하는 방식으로 유명한데 **그의 질문은 종종 상대방의 신념을 도전하게 만들었다고 합니다.**

앨버트 아인슈타인 (Albert Einstein)은 이론 물리학자로, 상대성 이론을 제안했고 "질문하는 것이 가장 중요한 것"이라고 강조하며, 호기심과 질문을 통해 과학적 발견이 이루어진다고 믿었습니다. 그는 복잡한 문제를 단순화하는 질문을 통해 많은 이론을 발전시켰습니다.

애플의 공동 창립자 스티브 잡스 (Steve Jobs)는 혁신적인 제품을 통해 기술 산업에 큰 영향을 미쳤는데 그는 항상 "왜?"라는 질문을 던지며 제품과 서비스의 본질을 탐구했습니다. 그는 **고객의 필요를 이해하고, 그에 맞는 혁신을 이루기 위해 질문하는 것을** 중요시했다고 합니다.

이처럼 질문을 잘했던 유명한 인물들은 각자의 분야에서 중요한 역할을 했으며 그들의 질문은 많은 사람들에게 영감을 주었고, 질문은 단순한 정보 요청을 넘어, 깊은 사고와 성찰을 이끌어내는 중요한 도구임을 보여주고 있습니다.

그러면 질문을 잘하는 아이는 어떤 특성을 가지고 있을까요?

질문을 잘하는 아이는 세상에 대한 호기심이 강하며 새로운 정보나 경험에 대해 알고 싶어 하고, 주변의 사물이나 사람들에 대해 질문을 많이 합니다. 질문을 통해 아이는 정보를 분석하고, 다양한 관점을 고려하는 능력을 갖추게 되는데 이는 비판적 사고 능력을 발전시키는 데 도움이 됩니다.

그리고 질문하는 아이는 스스로 학습하고자 하는 의지가 강하고 궁금한 점을 스스로 해결하려고 하며, 질문을 통해 다른 사람들과 소통하고 관계를 형성하는 데 능숙하고, 친구나 가족과의 대화를 통해 사회적 기술을 발전시키기도 합니다.

또한 질문하는 아이는 새로운 아이디어를 탐구하고, 기존의 틀에 얽매이지 않는 사고를 할 가능성이 높은데 이는 창의적인 문제 해결 능력으로 이어질 수 있습니다.

이러한 특성들은 아이의 성장과 발달에 긍정적인 영향을 미치게 되는데 이때 부모나 교사가 이러한 질문을 격려하고 지원하는 것이 중요합니다. 그래서 질문하는 아이는 자신의 생각을 표현하고, 세상에 대한 이해를 깊이 있게 할 수 있는 기회를 가집니다.

그렇다면 우리는 질문을 잘하는 아이로 키우기 위해서 어떻게 해야 할까요?

아이가 질문을 할 때 긍정적으로 반응하고, 그 질문에 대해 진지하게 대답해 주세요.

아이의 호기심을 존중해주면 질문을 통해 더 깊이 탐구할 수 있는 힘이 생기게 됩니다.

다양한 경험을 제공하여 아이가 자연스럽게 질문할 수 있는 환경을 만들어 주세요. 박물관, 자연 탐방, 과학 실험 등 다양한 활동을 통해 아이의 호기심을 자극할 수 있으며, 아이와 대화할 때 "왜?" 또는 "어떻게?"와 같은 열린 질문을 사용하여 아이가 더 깊이 생각하고 질문할 수 있도록 유도합니다. 예를 들어, "이것에 대해 어떻게 생각해?"와 같은 질문을 던져보세요.

부모나 교사가 스스로 질문을 던지고 탐구하는 모습을 보여주는 것이 중요합니다.

아이는 주변의 행동을 보고 배우기 때문에, 질문하는 모습을 자주 보여주고, 다양한 주제에 대한 책이나 자료를 함께 읽고, 그에 대해 이야기 나누는 시간을 가져 보세요.

이 외에도 아이에게 질문하는 기술을 가르치는 효과적인 방법은 여러 가지가 있습니다.

질문하는 능력은 사고력과 창의성을 키우는 데 중요한 역할을 하므로, 다음과 같은 방법들을 통해 아이가 질문하는 기술을 발전시킬 수 있도록 도와줄 수 있습니다.

아이에게 다양한 질문 유형(예: 사실 질문, 의견 질문, 추론 질문 등)을 소개하고, 각 유형의 질문이 어떤 상황에서 유용한지 설명해 주세요. 예를 들어, "이것은 뭘까?"는 사실 질문이고, "왜 그렇게 생각해?"는 의견 질문입니다.

특정 주제에 대해 아이와 함께 질문을 만들어보는 활동을 해보세요. 예를 들어, 책을 읽은 후 "이 이야기의 주제는 무엇일까?"와 같은 질문을 함께 만들어보는 것입니다. 아이가 스스로 질문을 만들어보는 경험을 통해 질문하는 기술을 연습할 수 있습니다.

역할놀이를 통해 질문하는 상황을 만들어 볼 수도 있습니다. 예를 들어, 인터뷰 활동으로 역할을 나누어 질문과 답변을 주고받는 활동을 통해 아이가 질문하는 기술을 자연스럽게 익힐 수 있으며, 다양한 질문이 적힌 카드를 만들어 아이와 함께 사용할 때는 아이가 카드를 뽑아 그 질문에 대해 대답하거나 추가 질문을 하는 방식으로 질문하는 연습을 할 수 있습니다.

일상적인 대화에서 아이가 질문할 기회를 자주 제공해 보세요. 예를 들어, 가족의 하루에 대해 이야기할 때 "오늘 가장 재미있었던 일은 뭐였어?"와 같은 질문을 통해 아이가 질문하는 연습을 할 수 있습니다. 또한 아이가 질문을 했을 때, 그 질문에 대해 긍정적인 피드백을 주고, 더 나아가 질문을 발전시킬 수 있는 방법을 제안해 주세요. 예를 들어, "그 질문은 정말 좋은데, 더 구체적으로 물어보면 어떻게 될까?"와 같은 피드백을 줄 수 있습니다.

아이가 관심 있는 주제를 선택하여 탐구 프로젝트를 진행하게 하면, 이 과정에서 아이가 스스로 질문을 만들고, 그 질문에 대한 답을 찾는 경험을 통해 질문하는 기술을 발전시킬 수 있습니다. 이처럼 질문하는 것이 얼마나 중요한지에 대해 아이와 이야기를 나누며 질문을 통해 새로운 정보를 얻고, 문제를 해결하며, 더 깊이 이해할 수 있다는 점을 강조하면 아이가 질문하는 것에 대한 동기를 가질 수 있습니다.

   이러한 방법들을 통해 아이는 질문하는 기술을 자연스럽게 익히고, 자신의 생각을 표현하는 데 더 자신감을 가질 수 있게 됩니다. 또한 질문하는 능력은 아이의 학습과 성장에 큰 도움이 될 것입니다.

"저, 질문 있어요."

"엄마, 이건 왜 그래요?"
"아빠, 저건 어떻게 돼요?"
작은 입에서 쏟아지는 수많은 질문들

때론 귀찮을 때도 있지만
그건 네 마음속에 궁금증이 자라고 있다는 증거야
세상을 향한 탐험이 시작되었다는 신호이지

"왜 하늘은 파래요?"
"물고기는 왜 물속에서 숨을 쉬어요?"
너의 '왜?'에는 세상을 알고 싶은 커다란 용기가 담겨 있어

모르는 것을 모른다고 말하고
알고 싶은 것을 알고 싶다고 묻는 것
그것이야말로 아주 멋진 힘이란다.

자꾸자꾸 물어봐
넘어지고 또 일어서듯
궁금한 것을 하나씩 알아갈 때마다

네 마음은 더 넓어지고
네 생각은 더 깊어질 거야
네 안에 숨겨진 똑똑함이 반짝일 거야

네 질문 하나하나가
너를 더 강하게 만들고
너를 더 확신하게 할 거야

세상의 모든 '왜?'에 답을 찾아가는 너는
가장 용감한 탐험가이자
가장 멋진 배움의 길을 걷는 아이란다.

잘 웃는 아이, 혼자서도 잘 노는 아이

항상 웃을 준비가 되어 있는 아이처럼 누구든 보기만 하면
잘 웃는 아이, 늘 미소를 머금고 있는 아이

부모의 긍정적인 정서는 아이에게 정서적 안정을 주고 긍정적 사고를 갖는 데 많은 영향을 줍니다. 부모가 많이 공감해 주고 함께 감정을 나누며 아이의 감정을 소중히 하고 존중해 줄 때 아이는 꾸밈없는 미소를 지을 수 있습니다.

일반적으로 늘 즐거운 마음으로 항상 잘 웃는 아이에 대해 알아보면 여러 가지 긍정적인 특징을 가지고 있다는 것을 알 수 있습니다.

항상 즐겁고 잘 웃는 아이들은 긍정적인 사고방식을 가지고 있고 어려운 상황에서도 긍정적인 면을 찾으려는 경향이 있습니다. 이러한 아이들은 다른 사람들과의 상호작용을 즐기며, 친구들과의 관계를 잘 유지합니다. 그들은 대인관계에서 친근하고 개방적인 태도를 보이기도 하고, 감정을 솔직하게 표현하는 능력이 뛰어나며,

유머를 이해하고 즐기는 능력이 뛰어나며, 주변 사람들을 웃게 만드는 재능이 있어 사회적 상호작용을 더욱 원활하게 만들기도 합니다.

긍정적인 태도를 가진 아이들은 스트레스 상황에서도 잘 대처할 수 있는 능력이 있고 해결책을 찾으려는 경향이 있으며, 특히 잘 웃는 아이들은 종종 창의적인 사고를 가지고 있어 새로운 아이디어를 생각해내고 놀이를 통해 상상력을 발휘하기도 합니다.

또한 자신을 긍정적으로 받아들이고, 자신의 장점과 단점을 이해하는 능력이 있으며, 세상에 대한 호기심이 많아 새로운 경험을 즐기고, 다양한 활동에 참여하려는 경향이 있습니다.

뿐만 아니라 다른 사람의 감정을 이해하고 공감하는 능력이 뛰어나며, 친구나 가족의 기쁨과 슬픔을 함께 나누는 데도 능숙합니다.

이러한 특징들은 아이가 건강한 정서적 발달을 이루고, 긍정적인 사회적 관계를 형성하는 데 중요한 역할을 하며 항상 즐겁고 잘 웃는 아이는 주변 사람들에게도 긍정적인 에너지를 전파하며, 행복한 분위기를 만들고 여러 가지 긍정적인 사회적 기술을 가지고 있을 가능성이 높습니다. 이러한 아이들은 대인 관계에서 긍정적인 영향을 주며, 다양한 사회적 상황에서 잘 적응할 수 있는 능력을 발달시킵니다.

특히 즐겁게 잘 웃는 아이들은 다른 사람들과의 상호작용에서 자연스럽고 편안하게 대화할 수 있는 능력이 뛰어나서 대화를 시작하고 유지하는 데 잘하고, 갈등 상황에서도 침착하게 대처할 수 있는 능력이 있어 상황을 부드럽게 만들며 갈등을 해결하기도 하고, 다른 사람들과 협력하는 데도 능숙합니다. 이는 팀 활동에서 긍정적인 분위기를 조성하고, 팀원들과의 관계를 강화하는 데 기여합니다. 이러한 사회적 기술들은 아이가 성장하면서 친구 관계, 가족 관계, 그리고 직장 내 관계 등 다양한 사회적 상황에서 긍정적인 영향을 미치고, 성공적인 대인 관계를 형성하는 데 중요한 역할을 합니다.

"자동차가 지나갑니다. 붕붕!"
"여기는 동물원입니다. 아! 아! 호랑이 나와라, 오버"

누군가와 이야기를 나누는 것처럼 혼자서도 여러 역할을 하며 즐겁게 잘 노는 아이,
어떤 아이일까요?
대부분 이러한 아이들은 독립적이고 창의적인 성향을 보이며, 혼자서도 즐겁게 시간을 보낼 수 있는 능력을 갖추고 있습니다. 혼자 노는 아이들은 상상력이 풍부하고 창의적인 놀이를 즐깁니다. 예를 들어, 블록이나 장난감을 사용하여 자신만의 이야기를 만들어 내거나, 다양한 역할놀이를 통해 상상력을 발휘합니다.
혼자서도 잘 노는 아이들은 스스로 놀이를 계획하고 실행하는 능력이 뛰어나며 놀이의 주제를 스스로 정하고, 필요한 도구를 찾아서 스스로 활동을 시작합니다. 혼자 노는 과정에서 발생하는 다양한 문제를 스스로 해결하는 능력도 있는데 예를 들어, 장난감이 고장 났을 때 이를 고치거나, 놀이 방법을 바꾸는 등의 방식으로 문제를 해결합니다. 이러한 아이들은 자신의 감정과 필요를 잘 이해하고, 혼자 있는 시간을 즐길 수 있는 능력이 있으며 외부의 자극 없이도 스스로 만족감을 느낄 수 있습니다. 혼자 노는 아이들은

다른 아이들과의 상호작용에서도 능숙할 수 있습니다. 이들은 혼자 노는 시간을 통해 자신만의 놀이 스타일을 개발하고, 필요할 때는 친구들과도 잘 어울릴 수 있는 능력을 갖추고 있으며 특정 활동에 집중할 수 있는 능력이 뛰어납니다. 또한 호기심을 가지고 새로운 것을 탐구하고 자기 주도적으로 지식을 쌓아가는 경향이 있는데 이는 학습이나 작업 수행 시에도 긍정적인 영향을 주고 오랜 시간 동안 한 가지 활동에 몰두하며 이를 통해 깊이 있는 경험을 쌓을 수도 있습니다. 혼자 노는 아이들은 자신의 감정이나 생각을 다양한 방법으로 표현할 수 있으며 그림 그리기, 글쓰기, 음악 만들기 등 여러 가지 방식으로 자신을 표현하는 것을 즐깁니다. 이는 아이의 전반적인 발달에 긍정적인 영향을 미칠 수 있고, 혼자 노는 경험은 아이가 독립성을 기르며 창의성을 발휘하는 데 중요한 역할을 합니다.

그리고 혼자서도 잘 노는 아이는 여러 가지 잠재능력을 가지고 있을 수 있습니다. 이러한 능력들은 아이의 독립적인 놀이 경험을 통해 개발되며, 다양한 분야에서 긍정적인 영향을 미칠 수 있습니다. 상상력을 발휘하여 새로운 아이디어와 개념을 만들어내는 능력이 뛰어나서 문제 해결이나 새로운 프로젝트를 구상하는 데에도 유용합니다. 이처럼 혼자 노는 경험을 통해 자신의 감정, 욕구, 강점 및 약점을 이해하는 능력이 향상되면서 자기개발과 성장에 중요한 역할을 합니다. 또한 혼자서 놀이를 하면서 다양한 상황을 분석하고 평가하는 능력이 발달하는데 이는 정보의 진위를 판단하고, 합리적인 결정을 내리는 데 도움이 됩니다.

이러한 잠재능력들은 아이가 성장하면서 다양한 분야에서 성공적으로 활동할 수 있는 기반이 됩니다. 혼자 노는 경험은 아이의 전반적인 발달에 긍정적인 영향을 주게 되며, 미래의 다양한 도전에 잘 대처할 수 있는 능력을 키우는 데 기여합니다. 그래서 부모는 아이의 잠재능력을 믿고 아이의 놀이에 긍정적인 마인드로 지원해 주고 격려하며 함께 하는 것이 아이의 성장에 많은 도움을 줄 수 있습니다.

 중요한 것은 상황에 맞게 혼자 또는 친구들과도 잘 어울리며 노는 아이가 다양한 경험을 갖고 자신의 잠재능력을 발휘하며 성장할 수 있습니다.

놀이를 만드는 아이

아이들에게 놀이는 삶이고 전부입니다.

처음에는 혼자 놀이를 즐기다가 친구들이 생기면 자연스럽게 함께 놀이를 하게 됩니다.

이때 놀이의 즐거움을 알도록 부모가 놀이를 함께 하며 충분히 상호작용을 해 주어야 친구들과의 놀이도 역할을 나누며 협동하고 배려하며 놀이를 즐길 수 있는 아이로 성장하게 됩니다.

> 기찻길을 만들며, "여기는 건널목이고,
> 자동차는 이렇게 지나가요.
> 아차, 정지표시도 만들어야 되요.
> 기차랑 자동차가 부딪치면 안 되니까요.
> 차단기 내려 주세요~ 칙칙폭폭.
> 빠앙~ 기차가 오고 있어요."

> "엄마랑 아빠랑 마트에 갔어요.

여기는 마트주차장입니다.
이 차는 00차, 이차는 00차
우리 아빠는 여기에 주차했어요.
나갈 때는 조심해야 되요.
차단기를 열어주어야 하거든요."
천천히 나가 주세요~.

놀이를 스스로 만들며 잘 노는 아이, 어떤 아이일까요?

놀이 상대가 없어도 혼자서 놀이를 만들며 잘 노는 아이는 여러 가지 긍정적인 가능성을 가진 아이라고 할 수 있는데 이러한 아이들은 그들만의 특성과 가능성을 지니고 있습니다.

놀이를 통해 새로운 아이디어를 생각해내고, 다양한 상황을 상상하는 능력이 뛰어난데 이는 문제 해결 능력과 혁신적인 사고를 발전시키는 데 도움이 되고, 다른 아이들과 함께 놀이를 만들고 참여하는 과정에서 협력, 소통, 갈등 해결 능력을 기르며 사회적 관계를 형성하고 또한 놀이를 통해 자신의 감정과 생각을 표현하는 능력이 향상됩니다.

놀이 중 발생하는 다양한 상황에서 문제를 인식하고 해결책을 찾는 경험을 통해 비판적 사고와 분석 능력을 기를 수 있고, 놀이를 통해 자신의 아이디어가 받아들여지고, 성공적인 결과를 경험함으로써 자기 효능감과 자신감을 키울 수 있습니다.

그리고 다양한 놀이 상황에서 변화에 적응하다 보면 새로운 규칙이나 환경에 맞춰 행동하는 능력이 향상됩니다. 이는 미래의 다양한 상황에 잘 대처할 수 있는 기반이 되는데 이러한 특성들은 아이가 성장하면서 학업, 직업, 인간관계 등 여러 분야에서 성공적으로 발전할 수 있는 토대를 마련해 주고, 놀이를 통해 얻는 다양한 경험은 아이의 전인적 발달에도 매우 중요한 역할을 합니다.

혼자놀이에서 아이들이 놀이과정 속에서 경험하는 요소가 문제 해결 능력을 향상시키는데 이는, 아이가 자유롭게 놀이를 구성하고 탐색할 수 있는 환경에서 창의적인 사고를 촉진하면서 다양한 방법으로 문제에 접근하고 해결책을 찾는 경험을 하게 됩니다.

또한 역할놀이를 통해 아이는 다양한 상황을 경험하며, 다른 사람의 입장에서 생각해 보며 문제를 다각도로 분석하고 해결하고 다른 아이들과 함께 놀이를 하면서 협력하고 소통하는 과정에서 갈등 해결 능력과 팀워크를 배웁니다. 놀이에는 규칙이 있는데 아이는 이러한 규칙을 이해하고 전략을 세워 논리적 사고와 계획 능력을 향상시키고 놀이 중 실패를 경험하고 다시 시도하는 과정에서도 아이는 인내심과 회복력을 알게 되며 문제 해결에서의 실패도 중요한 학습 기회가 됩니다.

놀이를 통해 얻는 즉각적인 피드백은 아이가 자신의 행동을 평가하고 조정하는 데 도움을 줍니다. 또한 놀이에서 상상력을 발휘하는 것은 새로운 아이디어와 해결책을 찾는 데 중요한 역할을 하게 되고 창의적인 접근은 종종 전통적인 방법으로는 해결할 수 없는 문제를 해결하는 데 유용하기도 합니다. 이렇게 아이가 놀이과정 속에서 문제를 인식하고 다양한 해결책을 모색하는 경험을 통해 효과적인 해결책을 찾는 능력을 기르는 데 중요한 역할을 하면서 아이의 전반적인 인지 발달에도 긍정적인 영향을 미칩니다.

특히 놀이를 즐기는 아이들의 자기 주도적 놀이는 아이가 스스로 놀이를 계획하고 실행하는 과정으로, 협동심, 배려, 존중 등으로 문제 해결 방식에 여러 긍정적인 효과를 볼 수 있습니다. 이는 아이가 자신의 선택과 결정을 통해 문제를 해결하는 경험을 제공하며 자신감을 높이고, 스스로 문제를 해결할 수 있다는 믿음을 강화하며 자존감을 높일 수 있습니다.

이외에도 친구들과 놀이 속에서 다양한 상황을 분석하고 협동하며 여러 해결책을 찾는 과정에서 비판적 사고 능력을 기를 수 있으며, 아이가 자유롭게 상상하고 창의적인 방법으로 문제를 해결할 수 있는 기회를 갖게 됩니다.

또한 자기 주도적 놀이는 아이가 다양한 문제를 스스로 해결하면서 효과적인 문제 해결 전략을 개발하기도 하는데 이러한 전략은 나중에 더 복잡한 문제를 해결하는 데에도 많은 도움이 되기도 합니다. 아이가 자신의 감정과 행동을 조절하는 능력을 기르고, 다른 아이들과 함께 이루어질 경우, 협력과 소통을 통해 사회적 기술을 발전시키며 리더쉽을 포함해 문제 해결 능력 향상에 중요한 역할을 합니다.

> *얘들아, 우리 같이 '우리 동네' 만들어 볼까?*
> *나는 병원 만들어 볼게. 너는 뭐 할래?*
> *나는 마트. 그럼 너는 뭐 할 거야?*
> *나는 주차장, 나는 공원*
> *길도 만들어야 되지 않을까?*
> *그럼 우리 같이 만들어 보자~*

유치원에서 우리 동네 주제가 나오면 쌓기 놀이 영역에서 흔히 볼 수 있는 아이들의 놀이모습입니다.

*배움을
놀이처럼*

"이게 뭐야?"라는 질문은
아이의 인지적 욕구를 나타내는 가장 대표적인 질문입니다

인간은 태어나 끊임없이 궁금증을 갖게 되고, 말을 시작하게 되면 궁금증을 해소하기 위해 질문을 하게 됩니다. 이를 보면 인간은 기본적으로 인지적 욕구를 가지고 있다는 것을 알 수 있습니다. 그렇다면 이제 말을 시작해 질문을 하는 아이의 인지발달을 위해 부모가 도움을 줄 수 있는 역할이 무엇인지 알아보고 계획을 세워 볼 수 있습니다. 질문은 아이가 오감으로 받아들이며 인지하는 과정에서 시작됩니다.

인지 발달에 효과적인 연령대별 놀이의 종류는 아이의 발달 단계에 따라 다릅니다.

- 영아기 (0~1세)의 놀이는 감각 놀이, 소리 나는 장난감, 거울 놀이 등이 있으며 감각 발달, 인지적 자극, 자기 인식 향상에 도움을 줄 수 있습니다.

- 유아기 (1~3세)의 놀이는 블록 쌓기, 퍼즐, 역할놀이 (인형 놀이) 등이 있으며 문제 해결 능력, 공간 인식, 창의력 발달에 효과가 있습니다.
- 유치원기 (3~6세)의 놀이는 미술 활동 (그리기, 색칠하기), 모래놀이, 물놀이, 간단한 보드게임 등이 있으며 언어 발달, 사회적 상호작용, 창의적 사고, 기초 수학 개념 (수 세기, 패턴 인식)을 알 수 있는 활동입니다.
- 초등학교 저학년 (6~8세)의 놀이는 팀 스포츠, 과학 실험, 롤플레잉 게임, 퍼즐 및 보드게임 등이 있으며 협동심, 문제 해결 능력, 논리적 사고, 기초 과학 개념 이해하는 데 효과가 있습니다.
- 초등학교 고학년 (9-12세)의 놀이는 전략 게임, 컴퓨터 프로그래밍, 창의적 글쓰기, 그룹 프로젝트 등이 있으며 비판적 사고, 창의성, 협력 및 의사소통 능력, 자기 주도적 학습에 도움을 줄 수 있습니다.
- 청소년기 (13세 이상)의 놀이 종류는 스포츠, 음악, 연극, 자원봉사 활동 등이 있으며 사회적 책임감, 자기표현 능력, 팀워크, 리더십을 갖는 데 도움을 줄 수 있습니다.

이렇게 주입식의 학습이 아닌 각 연령대에 맞는 재미있는 놀이와 질문을 통해 아이들은 인지 발달뿐만 아니라 정서적, 사회적 발달도 함께 이루어질 수 있습니다. 이는 놀이가 단순한 오락을 넘어서 학습의 중요한 도구가 되고 다양한 경험이 주는 효과 때문입니다.

이처럼 놀이의 종류에 따라 학습 효과는 다양하게 달라지는데, 이는 각 놀이가 제공하는 경험과 자극에 따라 아이의 인지, 정서, 사회적 발달에 서로 다른 영향을 미치기 때문입니다.

감각 놀이는 모래놀이, 물놀이, 다양한 질감의 장난감놀이가 있으며 감각 발달, 탐색 능력 향상, 환경에 대한 이해 증진에 학습효과가 있고, 역할놀이에서 인형 놀이, 가상 상점 놀이 등은 사회적 상호작용 능력, 공감 능력, 언어 발달, 창의적 사고에 도움을 줄 수 있습니다.

구성 놀이에서 블록 쌓기, 퍼즐 맞추기 등은 문제 해결 능력, 공간 인식, 논리적 사고, 창의성 발달에 좋고, 보드게임 및 카드 게임은 (예: 체스, 스크램블, 카드 게임) 등은 전략적 사고, 규칙 이해, 사회적 상호작용, 수리적 사고에 도움을 줄 수 있습니다.

미술 및 창작 활동에 있어서는 그림 그리기, 점토 조형놀이 등은 자기표현 능력, 창의성, 세밀한 운동 능력, 감정 표현에 학습효과가 있고, 스포츠 및 신체 활동의 축구, 농구, 춤 등은 신체적 건강, 팀워크, 규칙 준수, 스트레스 해소에 학습효과가 있습니다.

과학 실험 및 탐구 놀이의 간단한 화학 실험, 자연 탐사 등은 과학적 사고, 호기심 증진, 문제 해결 능력, 비판적 사고의 학습효과가 있으며, 디지털 게임 및 프로그래밍(교육용 앱, 코딩 게임)은 기술적 능력, 논리적 사고, 협력적 문제 해결, 창의적 문제 해결에 도움을 줄 수 있습니다. 이처럼 놀이의 종류에 따라 학습 효과는 매우 다양하며, 각 놀이가 제공하는 경험은 아이의 전반적인 성장 발달에 중요한 역할을 합니다. 따라서 다양한 놀이를 통해 균형 잡힌 발달을 도모하는 것이 필요합니다.

그러면 놀이를 즐기며 학습하는 아이들의 특성을 알아보겠습니다.

호기심과 탐구심이 많은 아이입니다. 놀이를 통해 새로운 것에 대한 호기심을 가지고 탐구하는 경향이 있는데 이는 다양한 경험을 통해 세상을 이해하고자 하는 욕구가 강하기 때문이고, 창의적 사고를 하는 아이는 놀이를 통해 상상력을 발휘하고 창의적으로 문제를 해결하는 능력을 갖추게 되며 다양한 상황에서 새로운 아이디어를 생각해내는 능력이 발달합니다.

자기 주도성을 갖고 있는 아이가 놀이로 학습하는 아이들은 스스로 놀이를 계획하고 실행하는 경향이 있는데 이는 자기 주도적인 학습 태도를 형성하는 데 도움을 줍니다.

그래서 놀이를 통해 다른 아이들과 상호작용하며 협력하고 소통하는 능력이 발달하며 사회적 기술과 감정 조절 능력을 향상시키고, 놀이 과정에서 다양한 문제를 경험하고 이를 해결할 때는 비판적 사고와 문제 해결 능력을 기르는 데에도 중요한 역할을 합니다.

또한 놀이를 통해 아이들은 자연스럽게 학습을 지속할 수 있는 환경을 조성하며 놀이가 즐거운 경험으로 인식되어 학습에 대한 긍정적인 태도를 유지할 수 있습니다. 보드게임, 카드게임, 컴퓨터 게임 등을 통해 규칙을 이해하고 전략을 세우는 과정에서 논리적 사고와 협동심을 기르게 되며 특히 교육용 게임은 특정 주제에 대한 지식을 재미있게 배울 수 있는 기회를 제공합니다.

운동이나 스포츠, 과학실험 등을 통해서는 신체적 능력을 발달시키는 것뿐만 아니라 팀워크와 협동심을 배우는 데 도움이 됩니다. 예를 들어, 공놀이, 달리기, 춤 등이 있으며, 간단한 과학 실험을 통해 원리와 개념을 직접 체험하는 놀이는 예를 들어 화산 폭발 실험이나 물의 상태 변화 실험 등을 통해 과학적 사고를 기를 수 있습니다. 이 외에도 미로 찾기, 수수께끼, 퍼즐 등 문제를 해결하는 놀이로 이러한 활동은 비판적 사고와 창의적 문제 해결 능력을 향상시키는 데 도움이 됩니다. 이처럼 놀이는 아이의 전인적 발달에 중요한 역할을 하며, 놀이를 통한 학습은 아이들이 다양한 기술과 능력을 기르는 데 매우 효과적입니다.

뿐만 아니라 아이들은 놀이를 통해 여러 가지 방식으로 학습정보를 받아들이게 됩니다.

예를 들어, 블록 쌓기 놀이를 통해 무게와 균형에 대한 개념을 이해하게 되며 이러한 경험은 아이들이 정보를 더 잘 기억하고 이해하는 데 도움을 줍니다. 아이들은 다른 아이들이나 성인의 행동을 관찰하면서 정보를 받아들이고 친구가 특정 놀이를 하는 모습을 보고 그 방법을 배우거나 모방하는 경우가 많습니다. 역할놀이를 통해 아이들은 다양한 상황을 상상하고 그에 맞는 행동을 연습하고 이를 통해 사회적 규범, 감정 표현, 문제 해결 방법 등을 배우게 됩니다. 놀이 중에 발생하는 문제를 해결하는 과정에서 아이들은 논리적 사고와 비판적 사고를 발달시키고, 퍼즐을 맞추거나 게임에서 전략을 세우는 과정에서 정보를 분석하고 적용하는 능력을 기릅니다. 또한 촉각, 시각, 청각 등을 통해 새로운 자극을 경험하고 모래놀이를 통해 질감과 무게를 학습하게 됩니다. 또래와의 상호작용을 통해 아이들은 언어적, 비언어적 의사소통을 배우고, 사회적 규칙과 관계를 이해하게 되며 놀이를 통해 반복적으로 같은 활동을 하면서 정보를 강화하고 숙달하게 됩니다. 예를 들어, 같은 게임을 여러 번 하면서 규칙을 이해하고 전략을 발전시키는 과정이 있습니다.

이렇게 다양한 놀이들은 아이들이 자연스럽게 정보를 받아들이고, 다양한 기술과 지식을 습득하는 데 매우 효과적입니다.

단, 놀이의 선택은 아이의 흥미와 발달 단계에 맞추어 조정하는 것이 중요합니다.

정답에서 문제로

우리는 지금껏 정답을 찾기 위해 노력해 왔습니다. 문제를 낸 사람이 정해 놓은 정답을 찾는 데만 급급해 왔고 출제자가 정해 놓은 정답이 아니면 틀린 것이고 같으면 맞다고 하며 점수로 순위를 정해 왔습니다.

지금은 4차 혁명, AI인공지능시대라고 합니다. 곳곳에서 로봇의 역할이 주어지고 일상에서도 인공지능이 많이 활용되고 있고 그 속에서 우리는 편리함을 누리고 있습니다.

그래서 더욱 빠르게 변화될 앞으로의 미래를 위해, 우리 아이들이 잘 적응하고 스스로 세상을 바꾸며 주도적인 삶을 살게 하기 위해서는 어떻게 키워야 할까 생각해 봅니다.

"선생님, 1 더하기 1이 뭔지 아세요?" "2"
"땡. 아니에요." "그럼, 뭔데?"
"+"에요. "아~ 그렇구나."
농장에 다녀오면서 버스 안에서 있었던 아이들과의 대화였습니다.

아이의 퀴즈 정답은 맞은 걸까요? 아니면 틀린 걸까요?
정답을 찾는 것만이 중요할까요? 스스로에게 질문을 해봅니다.
유치원으로 돌아오면서 창문으로 보이는 63빌딩을 보며 아이들에게 질문을 했습니다.

"얘들아, 너희들 63빌딩 왜 63빌딩인지 알아?"라는 질문에 아이들은 자기들끼리 이야기를 시작했다.
"63층이니까 63빌딩이에요."
"그럼, 지상이 63층이야?" 아니야. 지하도 있어. 그럼, 지하로 63층 만들어도 되겠네?
그래도 되겠다. 그럼 안 보이잖아. 복잡하지 않아서 좋지 않을까?
"얘들아, 우리 거꾸로 한번 생각해 볼까?
정답이 7이야. 숫자 7이 되려면 어떤 숫자를 더하면 될까? 문제를 만들어볼까?"
"2와 7을 더하면?" "3과 4요." "1과 6도 있어."
"그러면 4가 되려면 어떤 숫자에서 어떤 숫자를 빼야 될까?"
"힌트를 줄게. 4가 나오려면 4보다는 커야 되겠지?"
"그러면 5에서 1을 빼기." 이어서 아이들은 계속 생각하며 많은 답들을 이야기해 주었습니다.

아이들이 그 질문을 시작으로 끊임없이 스스로 상상하며 질문하고 답을 하며 신나게 대화를 주고받았습니다. 정답에서 거꾸로 문제를 찾아가는 것은 역발상을 해보는 것으로 이는 아이들의 사고력뿐만 아니라 창의력, 논리력 등 여러 가지 학습효과가 있습니다.

그럼, 그동안 우리가 배워왔던 교육을 생각해 보며 역발상과 기존 학습법의 각각의 장단점을 비교해 보고 이 두 가지 접근 방식이 학습자의 필요와 상황에 따라 어떻게 다르게 적용되는지 알아보겠습니다. 역발상의 장점은 기존의 틀을 깨고 새로운 해결책을 모색하게 하여, 창의적인 문제 해결 능력을 키우는 데 도움을 줍니다.

예를 들어, 학생들이 전통적인 방법 대신 새로운 접근 방식을 시도할 때 더 나은 결과를 도출할 수 있으며 특히 역발상은 다양한 관점을 수용하게 하여, 학습자가 여러 가지 방법으로 문제를 분석하고 해결하며 창의적인 사고를 자극합니다. 역발상은 학습자가 고정관념에서 벗어나 사고의 유연성을 기를 수 있도록 하며 비판적 사고를 발전시키는 데 중요한 요소가 되고, 다양한 대안을 고려하고 평가하는 과정에서 비판적 사고가 강화되며 의사결정 능력을 높이는 데 기여합니다.

그리고 역발상은 학습자에게 새로운 경험을 제공하여 학습의 재미를 느끼게 하고 학습에 대한 동기를 부여하며 참여도를 높이는 데 기여합니다. 학습자가 스스로 문제를 정의하고 해결책을 모색하는 과정에서 자기 주도적 학습이 촉진되는데 이는 학습자의 자존감이 향상되고, 실패를 두려워하지 않고 실험하는 태도를 장려하며 학습자가 실패를 통해 얻는 경험을 소중히 여기게 하여 지속적인 학습과 성장을 촉진하게 합니다.

역발상의 단점은 기존의 학습법에 비해 역발상은 학습자에게 혼란을 줄 수 있고 새로운 접근 방식이 익숙하지 않은 경우, 학습자가 어려움을 겪을 수 있으며, 역발상은 명확한 구조를 알지 못하면 학습자가 방향성을 잃을 위험이 있습니다. 이는 학습의 효율성을 저하시킬 수 있습니다.

기존 학습법의 장점은 일반적으로 명확한 커리큘럼과 구조를 가지고 있으며 학습자가 쉽게 따라갈 수 있고 학습의 일관성을 높이며, 기초 지식을 체계적으로 쌓는 데 효과적이며 학습자가 더 복잡한 개념을 이해하는 데 도움을 줍니다. 기존 학습법의 단점은 종종 정형화된 접근 방식을 사용하여 창의성을 제한할 수 있으며 이는 학습자가 새로운 아이디어를 탐색하는 데 방해가 될 수 있고, 전통적인 방법은 비판적 사고를 충분히 촉진하지 못할 수 있으며, 학습자가 수동적으로 정보를 받아들이게 만들 수 있습니다.

이렇게 역발상과 기존 학습법의 각각의 장단점을 고려해 학습자의 목표와 상황에 따라 적절히 선택하여 활용하는 것이 중요하며, 역발상은 창의성과 비판적 사고를 촉진하는 데 유리하지만 기존 학습법은 구조적이고 체계적인 학습을 제공하여 기초 지식을 강화하는 데 효과적입니다.

그래서 이 두 가지 접근 방식을 적절히 조합하면 더욱 효과적인 학습 환경을 조성할 수 있습니다.

정답을 보고 질문을 찾아내는 아이는 어떤 아이일까요?

역발상을 할 수 있는 아이의 특성을 알아보면서 한번 생각해보겠습니다.

정답을 보고 그에 대한 질문을 만들어내는 과정에서 비판적 사고를 하며 주어진 정보를 분석하고, 그 정보가 어떻게 도출되었는지를 이해하려고 합니다. 질문을 만들어내는 것은 호기심의 표현으로 이러한 아이들은 주변 세계에 대한 관심이 많고, 더 깊이 이해하고자 하는 욕구가 강합니다. 정답을 기반으로 새로운 질문을 생성하는 것은 창의적인 사고를 하며 기존의 정보를 바탕으로 새로운 관점을 제시하거나, 다른 가능성을 탐구하는 경향이 있습니다.

특히 정답을 보고 질문을 찾는 과정은 문제 해결의 일환으로 볼 수 있으며 이들은 문제를 정의하고, 그에 대한 해결책을 모색하는 능력이 뛰어납니다. 또한 스스로 학습을 주도하는 경향이 있으며 정답을 보고 질문을 만들어내는 과정에서 스스로 학습의 방향을 설정하고, 필요한 정보를 찾으려는 노력을 합니다.

또 하나, 정답을 보고 질문을 만드는 과정은 언어적 표현 능력이 있고 자신의 생각을 명확하게 표현하고, 다른 사람과의 소통을 통해 더 많은 정보를 얻으려는 경향이 있으며, 질문을 통해 다른 사람과의 대화를 유도하고 의견을 교환하려는 경향이 있습니다.

그리고 역발상으로 다양한 문제 해결 능력을 갖고 있는 아이들은 전통적인 사고방식에서 벗어나 새로운 관점에서 문제를 바라보는 능력이 뛰어나고 기존의 규칙이나 패턴을 깨고, 독창적인 해결책을 제시할 수 있습니다. 아이들은 문제를 해결하는 과정에서 다양한 접근 방식을 시도할 수 있는 유연성을 가지고 있으며 한 가지 방법에 고착되지 않고, 상황에 따라 다른 방법을 모색하며, 새로운 아이디어나 해결책을 찾기 위해 끊임없이 질문하고 탐구하며 문제의 본질을 이해하고자 다양한 가능성을 찾습니다.

때때로 실패를 감수해야 하는 경우가 많으나 이때 아이들은 실패를 두려워하지 않고, 새로운 시도를 통해 배울 수 있는 기회로 삼습니다. 그리고 다른 사람들과의 협력을 통해 다양한 아이디어를 교환하고, 문제 해결을 위한 집단적 접근을 선호하기도 하는데 이들은 팀워크를 통해 더 나은 해결책을 찾고자 하는 것입니다.

스스로 문제를 정의하고, 해결책을 찾기 위해 적극적으로 학습하는 경향이 있고 자신의 학습 과정을 주도하며, 필요한 정보를 스스로 찾아내는 능력이 있고 다양한 경험을 통해 여러 상황에서의 문제 해결 능력을 발달시키며 다양한 배경과 경험을 바탕으로 문제에 다각적으로 접근할 수 있습니다. 이러한 특징들은 아이가 복잡한 문제를 효과적으로 해결하고, 창의적인 아이디어를 제시하는 데 중요한 역할을 하는데, 교육적 환경에서 이러한 능력을 더욱 발전시킬 수 있는 기회를 제공해 주는 것이 중요합니다.

그래서 부모는 이러한 능력을 더욱 발전시킬 수 있도록 질문을 자유롭게 주고받을 수 있는 환경을 만들어 주고 정답에서 문제를 찾아가는 훈련을 통해 역발상을 할 수 있도록 여러 가지 상황을 만들어 기회를 제공해 주는 것이 좋습니다.

거꾸로 생각하기

　얼마 전부터 학교에서 '거꾸로 학습'이라는 교육방법이 활용되고 있는 것을 EBS방송을 보고 알았습니다. 이는 전통적인 강의 방식(수업 시간에 강의, 집에서 숙제)을 뒤집어, 집에서 미리 강의 영상을 시청하고 수업 시간에는 토론이나 문제 풀이, 질문 등 거꾸로 수업을 하는 것으로 교육의 패러다임이 변화하고 있는 것을 보니 너무나 반가웠습니다.

　획일적인 수업이 아닌 각자의 맞춤 수업이 가능해지고 아이마다 생각하는 것들, 받아들이는 속도, 관심 있는 내용 등의 교과서를 넘어서는 수업방식은 지금 필요한 교육이라고 생각했고 미래를 아이들 스스로 만들어가는 것이 가능하겠구나. 라는 생각으로 교육계의 희망을 보았습니다. 물론 시범이라 모두가 바뀌기에는 다소 시간이 걸리겠지만 시도하고 있다는 것이 중요하다고 생각했습니다.

　이처럼 교육뿐만 아니라 우리가 일상에서 사용하는 물건 중에도 본래 용도와 다르게, 혹은 물리적인 방향을 바꾸어 사용함으로써 새로운 효용을 얻는 경우가 있습니다.

몇 가지 활용되고 있는 예를 찾아보면, 거꾸로 매달은 화분(Sky Planter)이 있습니다. 일반적으로 화분은 땅에 놓고 식물을 심지만, '거꾸로 매다는 화분'은 식물이 자라는 부분을 아래로 향하게 하여 천장에 매달아 사용합니다. 이는 공간 활용도를 높이고 독특한 인테리어 효과를 줄 뿐 아니라, 물이 중력에 의해 천천히 뿌리까지 스며들도록 설계되어 식물 관리에도 이점을 제공합니다.

'머리에 쓰는 가방'은 조금 엉뚱하게 들릴 수 있지만 학생들이 무거운 책가방을 메지 않고 내용물을 비운 가방을 머리에 쓰는 형태로 변형하여 필요에 따라 가방이 되기도 하고 모자가 되기도 하는 것으로 이는 가방의 '메는' 기능을 '쓰는' 기능으로 바꾼 재미있는 발상입니다.

옷을 뒤집어 입거나 거꾸로 입는 경우도 있는데, 패션이나 디자인 분야에서는 옷을 일부러 뒤집어 안감이 겉으로 보이게 하거나, 앞뒤를 바꿔 입는 방식으로 새로운 스타일을 연출하기도 합니다. 본래 옷의 기능(체온 유지, 몸 가림)을 유지하면서도 시각적인 효과나 메시지를 전달하는 '거꾸로 사용'입니다.

이처럼 역발상을 하기 위해서 사고의 유연성과 열린 사고나 창의적인 사고가 필요한데 이는 가정이나 교육현장에서 거꾸로 생각하기를 해볼 수 있도록 다양한 관점으로 보고 문제 해결과 창의적 사고를 촉진하는 방법으로 생각하는 훈련이 필요합니다.

역발상은 전통적인 사고방식에서 벗어나 새로운 관점에서 문제를 바라보게 해주며 복잡한 문제를 해결하는 데 큰 도움이 되고 새로운 아이디어와 접근 방식을 탐색할 수 있게 하여 창의성을 증진시키고 예술, 과학, 비즈니스 등 다양한 분야에서 혁신을 이끌어 낼 수 있습니다.

역발상에서 중요한 유연한 사고는 스트레스와 불안을 줄이는 데 도움이 되는데, 이는 다양한 상황에 대한 대처 방안을 마련함으로써 감정적으로 더 안정된 상태를 유지할 수 있고, 팀 내에서 다양한 의견을 수용하고 조율하는 능력으로 협력적인 작업 환경을 조성하는 데 필수적이며 팀워크를 강화하는 데에도 기여합니다. 이러한 이유들로 인해 사고의 유연성은 개인의 성장과 사회적 상호작용에서 매우 중요한 역할을 합니다.

그럼 거꾸로 생각하기 훈련을 위한 다양한 게임과 놀이 활동을 소개해 보겠습니다.

- 거꾸로 텔레파시 게임은 기존의 텔레파시와는 다르게, 아이들이 서로 다른 생각을 해야 이기는 게임입니다. 한 아이가 특정 단어를 생각하면, 다른 아이는 그와 반대되는 단어를 맞춰야 합니다.
- 거꾸로 윷놀이 게임은 전통적인 윷놀이의 규칙을 변경하여, 가장 늦게 말이 나오는 팀이 이기는 방식으로 진행합니다. 이로 인해 아이들은 반대의 상황을 생각해야 합니다.
- 메모리 게임, 아이들이 서로의 기억을 활용하여 과거의 사진이나 경험을 바탕으로 이야기를 만들어가는 게임입니다. 이 과정에서 아이들은 거꾸로 생각하는 훈련을 하게 됩니다.
- 진 사람이 스티커 붙이기(or 스티커 떼기) 게임, 진 사람이 상대방의 옷에 스티커를 붙이는 게임으로 아이들이 거꾸로 생각하는 능력을 기르는 데 큰 도움이 될 것입니다.

이처럼 아이들은 즐겁게 게임에 참여하며 다양한 방법을 통해 창의적인 사고를 발전시킵니다.

또 다른 방법으로 창의적 사고를 자극하고 아이들이 다양한 관점에서 문제를 바라보도록 도와주는 그림책도 거꾸로 생각하기 훈련에 활용할 수 있습니다.

- 거꾸로 앉으라고? (저자: Anne Herbauts) 이 책은 아이들에게 거꾸로 생각하는 방법을 재미있게 전달합니다. 주인공이 거꾸로 앉아 다양한 상황을 경험하며, 독자도 함께 새로운 시각에서 생각해보도록 유도합니다.
- 생각연필(저자: 미상) 이 책은 생각의 과정을 시각적으로 표현하며, 아이들이 생각의 출처와 과정을 탐구하도록 돕습니다. 그림과 함께 다양한 아이디어를 제시하여 거꾸로 생각하는 훈련을 할 수 있습니다.
- 그림책 '거꾸로 보기'(저자:미상)이 책은 그림책을 통해 다양한 관점을 탐구하는 방법을 제시하며 독자들이 그림책을 읽으며 자신의 내면을 돌아보고, 거꾸로 생각하는 경험을 할 수 있도록 돕습니다.
- 그림책 '바로 보기'(저자: 미상) 이 책은 그림책을 통해 심리적 치유와 성장을 도모하는 내용을 담고 있습니다. 독자들이 그림책을 통해 다양한 경험을 하며, 거꾸로 생각하는 방법을 배울 수 있습니다.

이 외에도 거꾸로 생각하기를 활용할 수 있는 다양한 활동이 있습니다. 그림 그리기 활동은 아이들에게 특정한 주제를 주고, 그 주제를 거꾸로 그려보게 합니다. 예를 들어 "사람"을 주제로 하면, 아이들은 사람의 발을 위에 그리고 머리를 아래에 그리는 식입니다. 이 활동은 창의력을 자극하고, 사고의 유연성을 기르는 데 도움이 됩니다.

이야기 만들기는 아이들에게 주어진 주제를 가지고 이야기를 만들게 하되, 이야기의 결말을 반대로 설정하도록 합니다. 예를 들어, "주인공이 문제를 해결하는 이야기" 대신 "주인공이 문제를 더 일으키는 이야기"를 만들어보게 합니다. 이를 통해 아이들은 다양한 시나리오를 탐구할 수 있습니다.

다양한 관점에서 문제를 바라보는 경험을 통해 아이들은 더 넓은 사고를 할 수 있게 됩니다. 거꾸로 생각하기를 통해 아이의 유연한 사고를 키워주고 생활 속에서 새로운 아이디어와 해결책을 발견해 보세요.

3장.
세상을 바꾸는 아이, 아이의 꿈
(유치원생활)

유치원의 교육철학

작은 첫걸음, 큰 세상으로 나아가다.
작은 씨앗이 자라면 큰 나무가 되듯이 작은 아이가 자라면 그들만의 큰 세상을 만들어갑니다.

「내가 정말 알아야 할 모든 것은 유치원에서 배웠다」라는 로버트 풀컴의 저서에서 말하고 있는 것은 우리 삶에서 가장 중요하고 기본적인 진리들이 사실은 복잡한 세상의 가르침이 아니라, 어릴 때 유치원에서 배우는 아주 단순한 것들 (예: 나누어 갖기, 정직하기, 넘어지면 다시 일어나기 등)에서 기본생활습관과 인성교육을 담고 있으며 유아교육의 중요성을 일깨우는 내용을 담고 있습니다. 이는 우리 모두가 알고 있는 '세 살 버릇 여든까지 간다.'라는 우리나라의 속담에서도 그 중요성을 느낄 수 있습니다.

태어나서 만 3세에서 6세까지의 유아기는 아이의 뇌가 폭발적으로 발달하는 시기로, 이 시기에는 경험하고 배우는 것들이 뇌에 단단한 신경 회로로 자리 잡아서 아이의 기본적인 성격, 생각하는 방식, 행동 패턴의 기초를 형성하게 됩니다. 마치 땅을 다지는 것처럼 습관이 만들어지는데 이때 형성된 습관이 아이의 살아갈 새로운 세상을 만들어갑니다.

유아기 아이들은 주변 환경, 특히 부모님이나 선생님 같은 어른들의 행동을 스펀지처럼 빠르게 흡수하고, 따라 하는 능력이 아주 뛰어나 좋든 싫든 아이는 어른들이 보여주는 대로 배우고 그것을 자신의 습관으로 만듭니다. 이때 좋은 습관을 자연스럽게 익히도록 이끌어주면 아이는 그것을 당연하게 받아들이고 몸에 배게 됩니다.

반대로 이 시기에 방임하거나 열악한 환경에 노출되기 시작하면 성장 후 아이뿐만 아니라 부모를 포함해 모든 가족이 어려움을 겪게 될 수도 있음을 기억해야 합니다.

세 살 무렵부터 아이들은 기본적인 생활 습관 (손 씻기, 정리하기, 인사하기 등)과 다른 사람과 더불어 살아가는 데 필요한 기초적인 인성 (나누어 갖기, 차례 지키기, 고맙습니다.·미안합니다. 등)을 배우기 시작하는데 이 시기에 긍정적이고 올바른 습관을 잘 길러주면, 그것이 아이의 평생의 태도와 가치관, 그리고 대인 관계에 중요한 영향을 미치게 되며 어릴 때 형성된 좋은 습관은 아이가 앞으로 어떤 어려움을 만나든 건강하고 지혜롭게 헤쳐 나갈 수 있는 긍정적인 태도의 바탕이 되어줍니다. 그래서 이 시기의 부모와 교육기관, 그리고 선생님의 역할이 중요한 결정적 시기인 것입니다.

우리 아이의 첫 학교, 유치원

좋은 습관으로 바른 인성을 형성하며 자신의 꿈을 마음껏 펼칠 수 있는 밑바탕이 되어줄 유치원 교육, 우리 아이에게 맞는 유치원은 어떤 곳일까?

만3~5세가 대상인 유치원은 국가수준의 교육과정으로 운영되는 공립유치원과 사립유치원으로 나누어져 있고, 그중에서 특히 사립유치원은 각각의 특색이 있는데 지역에 따라 다르고 원장의 교육철학에 따라 다양하게 운영되고 있습니다. 이런 다양함 속에서 부모는 선택권을 갖게 되는데 이때 부모의 교육철학과 아이에게 맞는 유치원을 찾는 것이 중요합니다.

다양한 경험을 할 수 있는 특별 프로그램과 더불어 기본을 지키며 앞으로 살아갈 미래의 인재로 키우기 위한 유치원 교육은 첫째, 기본이 중요한 유치원 교육철학으로 유치원 단계의 교육은 아이들의 성장과정에서 매우 특별하고 기본적인 기반을 다지는 시기입니다.

- 아이들이 처음으로 정식 교육기관을 경험하는 곳으로 유치원에서 형성되는 학습에 대한 태도, 학교라는 환경에 대한 긍정적인 인식 등은 평생 학습의 기초가 되게 합니다.(단체생활에서 필요한 규칙이나 예절, 배려, 양보, 책임, 협력, 정직 등)
- 유치원교육은 초·중등학교의 교사 주도의 '수업'과 전혀 다른 교육으로 유아가 주체가 되어 복잡한 관계 속에서 생성해내는 '놀이'가 곧 교육입니다. 놀이를 통해 아이들은 인지 능력뿐 아니라 사회성, 정서 발달, 신체 발달 등 전인적인 성장을 이루는데 이는 학령기 학습에 필요한 기초적인 인지 능력과 더불어, 더불어 살아가는 데 필수적인 사회적 기술을 자연스럽게 습득하게 해 줍니다.(유아 주도적, 놀이중심 교육, 놀이로 배우는 수업 등)
- 유아의 자율성, 창의성, 놀이를 통한 학습을 강조하며, 미래 사회에 필요한 핵심 역량인 창의적 문제 해결 능력과 스스로 배우는 힘을 기르는 데 중요한 역할을 할 수 있도록 합니다.

(스스로 하는 탐구활동, 다양한 실험 및 실습교육, 독서활동 등)
- 또래와 관계형성을 통해 다양한 활동에 참여하며 성공과 실패를 경험하게 함으로써 아이들이 자신을 긍정적으로 인식하고 건강한 자아 개념을 형성하도록 합니다. 이는 앞으로의 학습과 사회생활 전반에 걸쳐 자신감의 기반이 되도록 합니다. (협동 프로젝트, 협동놀이, 그룹게임, 토론활동 등) 따라서 유치원에서의 기본 교육은 단순히 초등학교 입학을 준비하는 것을 넘어, 아이들이 건강한 인격체로 성장하고 평생 학습의 기틀을 마련하는 데 절대적으로 필요하고 중요한 과정이라고 할 수 있습니다.

둘째, 질문을 할 수 있는 환경으로 유치원은 아이들이 세상을 탐색하고 이해하는 시기이므로, 질문은 자연스러운 배움의 과정이 되므로 질문이 환영받는 분위기가 무엇보다 중요합니다. 유치원과 연계해 가정에서도 자녀와 함께 해볼 수 있는 방법입니다.
- "실수해도 괜찮아" 아이들이 질문을 하다가 틀리거나 이상한 질문을 할까 봐 두려워하지 않도록 어떤 질문이든 소중하게 여기고 격려하는 분위기를 만들고 아이들이 질문하는 과정 자체를 칭찬해 주는 것이 중요합니다.
- 모든 질문을 존중해 주어야 합니다. 아이들의 질문에 대해 "그런 건 몰라도 돼"라고 하거나 무시하는 태도는 금물이며, 아무리 간단하거나 엉뚱해 보이는 질문이라도 진지하게 귀 기울여 듣고 존중해주는 것이 중요합니다.
- 아이들의 생각을 자극하는 개방형 질문을 자주 사용하는 것이 좋고, 아이가 질문했을 때 즉각적으로 정답을 알려주기보다는, 아이가 왜 그런 질문을 하게 되었는지, 무엇이 궁금한지를 되

묻고 아이 스스로 생각하거나 탐색할 기회를 주는 것이 중요합니다. 이때 복잡한 질문에는 간단하고 아이가 이해하기 쉬운 말로 설명해 주는 것이 좋습니다.
- 아이들의 호기심을 자극하는 다양한 책, 자연물, 실험 도구, 만들기 재료 등을 제공하여 아이들이 만지고 탐색하며 질문이 자연스럽게 떠오르도록 환경을 구성합니다.
- 놀이 속에서 질문을 유도해 볼 수 있습니다. 블록 놀이를 하다가 "이 블록으로 뭘 더 만들 수 있을까?", 과학 영역에서 식물을 관찰하며 "잎사귀에 왜 물방울이 맺힐까?" 등 놀이와 연계하여 질문을 던지고 아이들의 질문을 이끌어내며 '질문놀이'와 같이 질문 자체를 놀이처럼 즐기는 활동도 도움이 될 수 있습니다.
- 특정 주제에 대해 깊이 탐색하는 프로젝트 학습은 아이들의 질문을 기반으로 진행되는 경우가 많습니다. 아이들이 궁금한 점을 스스로 찾아보고 해결하는 과정에서 자연스럽게 질문하는 능력이 발달합니다.
- '궁금해요' 게시판을 활용해 보세요. 아이들이 한 질문을 적어서 붙여두는 '궁금해요' 게시판을 만들어 질문을 시각화하고 중요하게 다룬다는 것을 보여줄 수 있습니다.
- 질문에 대한 답을 찾아가는 과정(책 찾아보기, 전문가에게 물어보기, 직접 실험해보기 등)을 아이들과 함께하고, 그 과정을 공유하며 질문이 새로운 배움으로 이어진다는 것을 경험하게 해 줍니다.

셋째, 생각을 열어주는 유치원으로 사고의 확장 없이는 새로운 문제에 대한 해결책을 찾기 어렵다고 합니다. 다양한 측면에서 생각하고 실현 가능한 아이디어를 떠올리는 능력이 미래를 대비하는 교육의 중요한 요소입니다. 예를 들어 가정에서도 할 수 있는 방법은,

- 호기심을 격려해 주세요. 아이의 질문에 관심을 보여주면 질문이 새로운 탐색의 시작이 됩니다.
- 개방형 질문을 사용해 보세요. "왜?", "어떻게?", "만약 ~라면?"과 같은 질문은 아이들이 다양한 가능성을 탐색하고 생각의 가지를 뻗어나가도록 돕습니다.
- '5-Why' 기법도 좋은 방법입니다. 문제의 근본 원인을 찾기 위해 "왜?"라는 질문을 다섯 번 반복하며 파고드는 방식은 논리적 사고와 문제 해결 능력을 기르는 데 효과적입니다.
- 질문을 던지고 답을 찾는 과정은 스스로의 사고 과정을 객관적으로 돌아보고 사고 패턴이나 효율성을 평가하는 메타인지 훈련이 됩니다.

넷째, '더불어, 함께'가 중요한 유치원입니다. 유치원에서의 '더불어 살아가기' 교육은 아이들이 자신은 물론 타인과 공동체, 나아가 자연과도 함께 조화롭게 살아가는 인성 덕목과 역량을 기르는 데 주안점을 둡니다.

다른 사람의 감정을 이해하고 공감하는 것은 더불어 살아가기의 기본입니다. 다양한 인물이 등장하는 그림책이나 동화를 읽고, 등장인물의 기분이나 행동에 대해 이야기 나누며 아이들이 타인의 감정을 헤아리는 연습을 할 수 있습니다. (예, '코알라의 마음 읽기')

공동 목표를 달성해 보는 경험도 필요합니다. 혼자서는 할 수 없고 친구들과 힘을 합쳐야만 완성할 수 있는 블록 쌓기, 퍼즐 맞추기, 대형 그림 그리기 등의 협동 놀이를 통해 자연스럽게 협력의 즐거움과 필요성을 배웁니다.

이 외에도 보드게임이나 바깥 놀이를 통해 정해진 규칙을 지키고 순서를 기다리며 친구에게 양보하는 과정을 통해 사회적 기술을 익히기도 하고, 병원 놀이, 가게 놀이, 소방관 놀이 등 다양한 역할극을 통해 다른 사람의 입장이 되어보고 역할을 수행하는 과정을 경험하며 타인을 이해하는 폭을 넓힐 수 있습니다. 갈등 상황이나 어려운 이웃을 돕는 상황 등을 역할극으로 꾸며보며 문제를 해결하고 긍정적인 관계를 맺는 방법을 자연스럽게 연습하게 되고, 어려운 이웃을 위해 할 수 있는 나눔의 방법을 알고 실천하는 교육 목표도 이러한 활동과 연계될 수 있습니다. 간식을 나눌 때 친구에게 먼저 건네거나, 장난감을 함께 사용하는 등 일상생활 속에서 배려와 나눔을 실천하도록 격려합니다. 특히 자연과의 더불어 살아가기는 식물을 기르거나 동물을 관찰하며 생명의 소중함을 느끼고 돌보는 활동을 통해 자연과 더불어 살아가는 태도를 배웁니다.

또한 쓰레기를 함부로 버리지 않고 물건을 아껴 쓰는 등 환경을 보호하는 작은 실천을 통해 더 넓은 의미의 '더불어 살아가기'를 경험합니다. 자연과 더불어 사는 우리를 주제로 한 활동들도 중요하게 다루어집니다.

이처럼 '더불어 살아가기' 교육은 특별한 활동 시간뿐만 아니라 아이들의 하루 일과 모든 순간에 자연스럽게 녹아들게 하는 것이 가장 효과적이며, 아이들이 서로의 다름을 존중하고 함께 협력하며 살아가는 기쁨을 느낄 수 있는 교육이 중요하다고 생각합니다.

'우리 아이를 어떤 유치원에 보내야 할까?' 유치원을 선택한다는 것은 결정적 시기인 유아기에 부모의 신중한 결정이 아이의 일생을 좌우할 중요한 선택이 될 수도 있습니다.

지난 35년이란 긴 시간 동안 유치원에서 아이들과 학부모에게 함께 하며 짧게는 1년 길게는 3년이라는 시간 동안 유아교육이 얼마나 중요한지 알려주고 싶었기에 내가 할 수 있는 모든 것을 동원해 부모가 하지 못하는 것까지 최선을 다해 도우려 노력해 왔습니다.

유치원 교육에서 기본 교육이 바로 서지 않으면 초등학교에 가서 바로 어려워질 수 있기에 일관성 있는 교육으로 삼위일체(교사, 유아, 부모)가 될 수 있도록 부모에게 안내하고 가정연계를 중요시해 왔습니다. 예를 들어 아이의 생각을 알고 싶거나 행동을 수정해 주고 싶을 때 가족회의라는 가정연계 활동지를 주어 가정에서 자연스럽게 이야기를 할 수 있게 하였고, 아이의 발표력이나 논리적 사고를 위해 토론이 필요할 때는 가정연계 활동지를 통해 부모와 함께 아이가 가정에서 열띤 토론을 하고 유치원에서 자신의 의견을 자신 있게 발표하는 등 가정연계 활동을 활용하였습니다. 교육과정에서 생활주제 관련해서는 아이의 교육에 대한 관심을 갖고 아이와 소통을 할 수 있도록 자료를 조사하거나 가족의 의견을 발표하도록 하는 활동지를 보냈고, 아이는 가정에서 부모와 함께 다뤘던 주제를 유치원 친구들 앞에서 발표하도록 하는 등의 다양한 가정 연계 활동을 진행했습니다.

나의 아픈 기억

1990년에 유치원장으로 업무를 시작하면서 유아교육의 중요성을 누구보다도 잘 알기에 나에게 오는 아이들만큼은 내가 할 수 있는 모든 것을 다 해줘야겠다는 생각으로 최선을 다하면서 엄마의 마음으로 함께 했습니다. 부모는 최선을 다 하지만 완벽하지는 않습니다. 수많은 학부모를 만나며 그들의 각기 다른 어려움을 들으며 늘 안타까웠고 또한 잘 헤쳐나가는 모습에 감동을 받기도 했습니다. 저 또한 완벽하지 못해서 두 아이에게 늘 미안한 마음을 갖고 있는데 이 때문인지 부족했던 저의 지난날을 대신해 지금도 매 순간 내 앞에 있는 아이들을 중심에 놓고 최선을 다해 아이들과 함께해 왔습니다.

한 아이의 사례가 생각이 납니다. 그 아이가 유치원에 입학한 나이는 5살(만 3세), 어머니가 데리고 오셨고 아이는 눈을 마주치지 못하고 여기저기 둘러보는 모습을 보며 약간 걱정을 하며 상담을 시작했습니다. "아빠가 어려서 말을 늦었다고 하는데 아마도 아빠를 닮았는지 아이가 말이 늦는 것 같습니다." "언어소통은 될까요?"라는 질문에 어머니는 "알아듣기는 하고 말은 단어 정도만 해요." 혹시 언어 발달에 문제가 있는 것은 아닐까? 라는 질문에 어머니는 절대 그렇지 않다며 단호하게 말씀을 하시면서 아빠도 00전자 연구 개발자고 자신도 고등학교 00교사라며 우리 부부 사이에 어떻게 그런 아이가 나올 수 있냐며 인정하지 않으셨습니다.

엄마와의 상담을 마친 후 조금 걱정은 되었지만 아이는 입학을 했습니다. 유치원은 규모가 크지 않았고 전체 교실 3개를 모두 볼 수 있는 환경이라 가능할거라고 생각했습니다. 그런데 아이는 수업을 진행할 수 없을 정도로 교실을 돌아다녔고 생일파티가 있는 날이면 피아노 위에 올려놓은 케이크를 순식간에 손으로 낚아채 먹는 등 문제행동은 계속되었고, 그럴 때마다 아이의 이름은 불러졌고 아이는 선생님의 말씀은 거의 들리지 않는 것 같았습니다. 일과가 끝나면 담임선생님은 자신이 아이의 이름을 얼마나 불렀는지 셀 수가 없다며 한 아이를 신경쓰며 봐야하니 반의 다른 아이들을 볼 수가 없다며 아이들에게 미안한 마음 때문에 너무 힘들어했고, 죄책감으로 하루하루를 마무리할 정도였습니다. 아이가 교실에 있는 동안 저와 어머니의 상담은 수시로 계속되었고 한번 시작하면 상담은 2~3시간은 기본으로 긴 시간 동안 하소연과 고민, 언어치료 받는 과정 등의 이야기가 이어졌습니다. 그렇다고 뾰족한 방법은 없었습니다.

한 가지, 상담 도중 알게 된 사실은 부모님이 맞벌이셨고 아이는 할머니에게 맡겨져 5살까지 일주일에 한 번씩 아이를 만났는데 어느 날 아이를 보니 다른 아이들과 다르다는 것을 알게 되었다고 했습니다. 할머니와의 생활은 밥을 잘 챙겨 주시고 아이가 놀자고 하면 놀잇감(퍼즐 등)을 주시거나 거의 비디오를 틀어 주셨다고 하셨는데 그러면 아이는 보채지 않고 혼자 놀이를 하거나 비디오를 보며 잘 지냈다고 했습니다. 아이가 말을 할 필요를 못 느끼게 만들어진 환경이…. 한참을 듣고 나니 이런 생각이 들었습니다.

'아이가 옹알이를 시작으로 말을 배워야 하는 시기를 놓쳐 버린 것은 아니었을까?' '아니면 선천적으로 언어 발달장애였을까?'

특수교육이 있는 기관으로 가시는 것을 요청을 드렸지만 엄마는 언어치료를 받고 있고, 전문가도 통합교육이 더 좋다고 하셨다며 아이를 계속 다니게 했습니다.

이미 아이는 언어가 지연되면서 지능도 떨어지고 사회관계 형성도 어려워 친구와의 놀이도 안 되고, 선생님의 지시사항도 따르지 못한 채 유치원을 8살(만 6세)에 마치면서 학교로 갔습니다. 이 아이를 보면서 계속 고민이었던 것은 '특수아반이 있는 기관에서 전문교육을 받았다면 아이에게 도움이 되지 않았을까?' '특수전문교육을 받지 않은 내가 맡는 것이 나중에 후회로 남으면 어떻게 하지?'라는 것이었다.. 유급1년을 포함한 4년 동안의 유치원 생활, 이 기간 동안 조금도 나아지지 않는 아이를 보면서 같은 반 아이들에게 너무나 미안했고 담임선생님의 힘들어하는 모습에도 너무나 미안했습니다. 매일 꿈에 나온다는 담임교사의 얘기를 들으며 계속 고민했던 그 시기가 지금 생각해도 너무나 힘든 시기였던 것 같습니다.

몇 년이 지난 후 미술치료를 2년 정도 공부하게 되었는데 그때 만난 교수님께 그 아이에 대해 지금도 죄책감을 가지고 있다고 이야기하니 교수님께서 "그 아이는 전문가의 교육받았어도 같았을 거예요. 죄책감을 갖지 않아도 돼요. 더구나 계속 고민하면서 최선을 다하셨잖아요." 하셨던 그 말이 얼마나 많은 위로가 되었는지 "내가 잘못한 것은 아니었구나." 생각하니 그제야 조금은 마음이 편해지는 것을 느낄 수 있었습니다.

어디서부터 잘못된 것일까? 알 수는 없지만 그때 생각하면 유치원에서의 생활이 아이에게 도움이 되지 않았던 것 같아 지금도 안타까움이 남아 있습니다.

한 아이의 일생을 책임지고 있는 부모의 역할은 바쁘다는 이유로 조금이라도 소홀히 하지 마마시고, 힘들어도 가장 중요한 영유아기에 아이가 잘 성장할 수 있도록 사랑으로 최선을 다해 노력해 주시기를 부탁드립니다. 시간은 멈추지 않으며 되돌릴 수도 없습니다.

자기 주도적
마인드

"내가 할 거야."
"내가 할 수 있어."

아이는 소근육이 발달하면서부터 무엇이든 스스로 하려고 합니다. 이럴 때 부모는 시간이 걸려도 아이가 스스로 할 때까지 기다려 주는 것이 중요하며, 잘했을 때는 칭찬과 격려를 해 주는 것이 좋습니다. 그러면 아이는 성취감을 느낄 수 있고 자신감도 갖게 됩니다.

만약 도와주고 싶을 때는 아이가 "도와주세요." 라도 말했을 때 도움을 주는 것이 좋습니다.

자기 주도적 마인드는 개인이 자신의 학습과 행동을 스스로 관리하고 조절하는 능력을 의미하는 것으로 개인이 문제를 스스로 해결할 수 있는 능력을 키우는 데 도움을 주며, 스스로 목표를 설정하고 이를 달성하는 과정에서 자신감을 높일 수 있습니다. 이는 유아 스스로가 목표를 설정하고, 필요한 자원을 찾으며, 학습 과정을 계획하고 실행하는 것을 포함합니다. 그래서 초등학교 입학하기 전 좋은 습관으로 스스로 학습하는 태도를 갖는다면 즐겁게 학교생활을 할 수 있으며 자신의 꿈을 향해서도 나아갈 수 있게 됩니다.

그래서 자기주도적 마인드는 평생 학습을 위한 기초가 되고, 변화하는 환경에 적응하는 데 필수적이며 현대 사회의 변화에 적응하고 성공적으로 살아가는 데 매우 중요한 요소입니다.

유아기에 자기 주도적 마인드를 갖게 하는 방법은, 유아가 스스로 생각하고 행동할 수 있는 능력을 키우는 것입니다.

- 유아가 자유롭게 탐색하고 놀이할 수 있는 안전한 공간을 마련해 주고 다양한 장난감과 재료를 제공하여 유아가 스스로 선택할 수 있도록 합니다.

예를 들어, 장난감이나 책을 자유롭게 꺼내고 정리할 수 있게 해 주세요. 그리고 공원이나 정원에서 자연물(나뭇가지, 돌 등)을 활용한 놀이를 통해 자녀가 창의적으로 놀 수 있도록 자연에서 놀 수 있는 기회를 제공해 주세요.

- 유아가 다양한 활동을 시도할 수 있게 하고 실패를 두려워하지 않고 실험할 수 있는 기회를 제공해 주세요.
- 일상에서 유아에게 작은 선택의 기회를 주세요. 예를 들어, 아침에 어떤 옷을 입을지, 어떤 간식을 먹을지 선택하게 합니다. 이러한 선택은 유아의 자율성을 높이는 데 도움이 됩니다.
- 놀이의 주제를 유아가 선택하도록 하며 자녀가 원하는 놀이를 스스로 결정하게 함으로써 자기 주도성을 높일 수 있으며, 유아가 놀이를 시작할 때는 간단한 질문을 통해 방향성을 제시합니다. 예를 들어, "이 블록으로 무엇을 만들고 싶니?"와 같은 질문을 통해 유아가 스스로 생각하도록 유도합니다.

- 가족의 일상적인 결정에 유아를 참여시켜 보세요. 예를 들어, 주말에 어떤 활동을 할지 함께 논의하고 결정해 보세요.
- 유아가 스스로 문제를 해결할 수 있는 도전 과제를 제공해 주세요. 예를 들어, 블록을 쌓아 높은 탑을 만드는 등의 활동을 통해 유아가 스스로 해결책을 찾도록 합니다.
- 이때 유아가 실패를 경험하면 그로부터 배우도록 격려합니다. 실패는 성장의 중요한 부분임을 이해하도록 하면 유아는 스스로 문제를 해결할 수 있는 기회를 갖게 됩니다. 예를 들어, 장난감이 고장 났을 때 부모가 대신 고치기보다는 유아가 어떻게 해결할 수 있을지 함께 고민해 봅니다.
- 유아가 스스로 시도한 것에 대해 긍정적인 피드백을 주고 결과보다 과정과 노력을 칭찬하면 유아가 스스로의 능력을 믿게 됩니다.
- 유아가 작은 성취를 이룰 때마다 칭찬하고 격려하여 자신감을 키워줍니다.
- 다양한 종류의 놀이를 경험할 수 있도록 해 주세요. 예를 들어, 역할놀이, 미술 놀이, 신체 놀이 등을 통해 자녀가 다양한 방식으로 표현할 수 있게 됩니다.
- 유아가 창의적으로 놀 수 있도록 다양한 재료(종이, 색연필, 점토 등)를 제공하고 유아가 이 재료들을 활용하여 자유롭게 표현할 수 있도록 합니다.

이렇게 유아가 자기 주도적으로 놀이할 수 있도록 지도하는 것은 자녀의 창의성과 문제 해결 능력을 키우는 데 매우 중요합니다.

그러면 자기주도적인 태도가 친구관계에는 어떤 영향을 미칠까요? 이는 개인의 사회적 상호작용과 관계 형성에도 중요한 역할을 하게 되는데, 자기주도적인 태도를 가진 사람은 자신의 생각과 감정을 명확하게 표현할 수 있으며, 개인의 성장뿐만 아니라 친구의 성장에도 긍정적인 영향을 주고, 갈등 상황에서 감정을 조절하고 문제를 해결하기 위한 건설적인 접근 방식을 취할 수 있습니다. 이는 친구관계에서 발생할 수 있는 갈등을 효과적으로 해결하고 친구와의 의사소통을 원활하게 하여 관계를 더욱 깊게 만듭니다.

자기주도적인 사람은 자신의 행동에 책임을 지며 친구들에게 신뢰를 주고, 신뢰는 건강한 친구관계의 기초가 되며 자신의 필요와 감정을 이해할 뿐만 아니라 친구의 필요와 감정도 존중합니다. 이는 상호 배려와 존중의 관계를 형성하는 데 기여합니다.

이처럼 자기주도적인 태도는 친구관계에서 의사소통, 신뢰, 갈등 해결, 상호 존중 및 개인의 성장을 촉진하는 데 중요한 역할을 합니다. 이러한 태도를 통해 친구관계를 더욱 깊고 의미 있게 발전시킬 수 있으며 자기 주도적 태도를 기르는 것은 개인의 사회적 상호작용을 향상시키고, 건강한 관계를 유지하는 데에도 중요합니다.

우리가 아는 유명인들 중에 자기주도적인 마인드로 자신의 목표를 설정하고, 스스로 학습하며, 도전적인 상황에서도 끈기 있게 노력하여 성공을 이룬 인물들은, 애플의 공동 창립자인 스티브 잡스(Steve Jobs)는 기술적으로나 기업가로서 혁신적인 제품을 통해 기술 산업에 큰 영향을 미쳤습니다. 그는 자신의 비전을 실현하기 위해 끊임없이 학습하고, 실패를 두려워하지 않으며, 자신의 길을 개척했습니다. 그의 자기주도적인 태도는 애플을 세계적인 기업으로 성장시키는 데 중요한 역할을 했습니다.

어려운 환경에서 성장했지만, 자신의 이야기를 통해 많은 사람들에게 영감을 준 오프라 윈프리는 자신의 경험을 바탕으로 자기계발서와 프로그램을 제작하며, 자기주도적인 학습과 성장을 강조했습니다. 그녀의 성공은 자신의 삶을 주도적으로 이끌어온 결과로 많은 사람들이 공감하고 있습니다.

*타인의 꿈에 맞춰 사는 사람은
어쩔 수 없이 끌려다니며 불행하지만
나의 꿈을 향해 사는 삶은
내가 하고 싶은 대로 할 수 있기에 행복합니다.*

*내가 바라는 내 아이의 삶,
어떻게 살기를 바라세요?*

Mind Control

아이들은 부모를 보고 감정을 전달받으면서 하나씩 감정을 알아가는데 이때 부모가 감정의 이름을 알려주고 자신의 감정을 표현하는 방법과 감정을 조절하는 방법도 알려주어야 올바로 표현하며 상대방과 갈등이 생기지 않고 타인과의 관계형성에 도움을 줄 수 있습니다.

아이가 화날 때 어떻게 해야 하는지, 좋아할 때, 걱정될 때, 슬플 때, 기쁠 때 등등 자신의 감정 언어로 표현하는 것을 연습하는 것이 필요합니다.

이처럼 우리에게는 다양한 감정이 있습니다. 자신의 감정이 어떤 것인지 느껴보며 감정의 이름을 알고 스스로 조절하며 긍정적인 마인드로 좋은 친구관계를 맺을 수 있도록 해 주세요.

- *기쁨은 즐겁거나 만족스러울 때 느끼는 감정*
- *슬픔은 실망하거나 속상할 때 느끼는 부정적인 감정*
- *화남은 불공정하거나 방해받았다고 느낄 때 나타나는 감정*

- 두려움은 위험하거나 불안하다고 느낄 때 나타나는 감정
- 놀람은 예상치 못한 일이나 갑작스러운 변화에 반응하는 감정
- 수줍음·부끄러움은 낯선 상황이나 사람 앞에서, 혹은 실수를 했을 때 느끼는 감정
- 질투는 다른 사람이 자신보다 더 좋은 것을 가졌거나 더 많은 관심을 받을 때 느끼는 감정
- 실망은 기대했던 일이 일어나지 않았거나 잘 안되었을 때 느끼는 감정
- 사랑·애정은 좋아하는 사람이나 대상에게 느끼는 따뜻하고 긍정적인 감정
- 안도감은 걱정했던 일이 잘 해결되었을 때 느끼는 감정….

유치원은 아이가 처음으로 하는 단체생활이며 많은 친구들을 만나게 됩니다.

가정에서 부모에게 모든 것을 지원받고 자라던 아이가 자기 마음대로 편하게 지내다가 유치원에 입학해서 공동생활 속에서 잘 적응하려면 우선 정해진 규칙을 알아야 하고 바른 인성(예절, 정직, 약속, 책임, 배려 등)과 기본생활습관(질서, 정리, 배변 훈련, 자신의 물건 챙기기, 안전 등)이 형성되어 있어야 합니다. 그리고 부모는 아이가 느끼는 다양한 감정을 알아주고 상황에 따라 어떻게 표현하고 어떻게 조절해야 하는지 알려주는 것도 또래 친구들과의 관계 형성에 많은 도움을 주게 됩니다. 이는 가정에서 꾸준하게 교육이 되어야 하고 유치원에서도 가정과 연계하여 일관되게 지속적으로 교육이 이루어져야 바른 인성으로 기본이 바로 선 아이로 성장할 수 있습니다.

친구는 유치원에서 만나는 아이의 첫 사회생활에 가장 많은 영향을 주게 되므로 사전에 갈등상황이 생기지 않도록 하는 것이 중요하며 갈등이 생기더라도 갈등의 원인이 무엇인지 생각해 보게 하면서 아이 스스로 감정조절을 하여 잘 지낼 수 있도록 하는 것이 필요합니다.

유아기에 아이들이 친구들과 즐겁게 어울리며 건강한 관계를 유지하면서 자신의 감정을 이해하고 다스리는 능력은, 아직 자신의 생각이나 느낌을 말로 정확하게 표현하는 것이 서툴 수 있기 때문에 자신의 마음을 표현하는 데 도움이 됩니다. 이때 자신이 느끼는 감정(기쁨, 슬픔, 화남 등)을 알고 이름을 붙일 수 있으면 친구나 선생님에게 "나는 지금 속상해", "나는 이게 하고 싶어"와 같이 자신의 마음을 효과적으로 전달할 수 있습니다. 감정을 제대로 표현하지 못하면 울거나 떼를 쓰거나 때리는 등의 문제행동으로 이어지기 쉬운데 그렇게 되면 친구들이 다가오기 어렵게 됩니다.

그리고 자신의 감정을 느껴보고 이해하는 경험이 쌓이면, 다른 사람의 감정을 알아차리고 공감하는 능력도 함께 발달하기 때문에 친구의 마음을 이해하는 데 도움이 됩니다.

예를 들어 친구가 속상해하는 표정을 보았을 때 '친구가 슬픈가 보다' 하고 알아차리고 위로해 주거나, 친구가 기뻐할 때 함께 웃어주는 등 자연스럽게 상호작용하며 친밀감을 쌓을 수 있습니다. 또한 감정조절은 유치원에서 장난감을 가지고 다투거나 의견이 맞지 않아 갈등이 생길 때에도 갈등 상황에서 문제를 해결하는 데 도움이 됩니다. 이때 자신의 화나는 감정을 조절하지 못하면 친구를 때리거나 소리를 지르는 등 공격적인 행동을 할 수 있습니다. 하지만 감정을 조절할 수 있으면 잠시 숨을 고르거나 선생님께 도움을 요청하고, 친구와 함께 문제를 해결할 방법을 찾아보는 등 더 긍정적인 방식으로 갈등에 대처할 수 있습니다.

이외에도 유치원에서는 친구들과 함께 블록을 쌓거나, 그림을 그리거나, 바깥 놀이를 하는 등 공동 활동이 많습니다. 이때 자신의 차례를 기다리거나, 친구와 의견을 조율하거나, 규칙을 지키는 등의 과정에서 감정 조절 능력이 필요한데 감정 조절이 잘 되는 아이는 이러한 활동에 즐겁게 참여하고 친구들과 협력하며 긍정적인 놀이 경험을 쌓을 수 있습니다.

이렇게 자신의 감정을 잘 알고 조절하는 것은 아이가 친구들과 긍정적으로 소통하고, 갈등을 해결하며, 단체생활에서 즐겁게 생활하는 데 꼭 필요한 능력입니다. 부모와 교사의 따뜻한 지지와 도움이 있다면 아이들은 자연스럽게 자신의 감정을 건강하게 다루는 법을 배우면서 친구들과 더욱 행복하게 지낼 수 있습니다.

그렇다면 자신의 감정을 어떻게 조절할 수 있을까요?

잠시 '멈춤' 시간을 갖는 것으로 화가 너무 나거나 감정이 격해졌을 때는 그 자리에서 바로 이야기하는 것보다 잠시 떨어져 냉정을 찾는 것이 좋습니다. 예를 들어 "지금은 내가 너무 화가 나서 말하기 힘드니까 나중에 다시 이야기하자"라고 말하며 잠시 시간을 갖는 것입니다.

그리고 내 감정을 어떤지 생각해 봅니다. 지금 내가 어떤 감정을 느끼고 있는지 스스로에게 물어보고 이름을 붙여보세요. '내가 화가 났구나', '나 지금 섭섭해', '나 억울해요'와 같이 자신의 감정을 인지하는 것이 감정 조절의 첫걸음입니다.

감정을 비난하는 말투 ("너 때문에 화가 났어!") 보다는 자신의 감정을 솔직하고 구체적으로 전달하는 '나 전달법'(I-Message)을 사용해 보세요. 예를 들어 "네가 약속 시간에 늦어서 걱정되고 기다리면서 좀 속상했어"와 같이 상대방에 대한 존경심을 보이면서 불만을 구체적으로 표현하는 것이 중요합니다. 상대방의 말을 중간에 끊지 않고 끝까지 들어주는 '경청'은 오해를 풀고 문제를 해결하는 데 꼭 필요합니다. 친구가 왜 그렇게 느꼈는지, 어떤 상황이 있었는지 이해하려고 노력하는 과정에서 감정이 더 악화되는 것을 막을 수 있습니다.

누가 잘못했는지 따지기보다는 어떻게 하면 이 상황을 해결할 수 있을지에 대해 함께 고민하는 것이 좋습니다. 예를 들어 화가 나는 원인을 생각해 보고, 문제를 해결할 수 있는 방법을 찾아봅니다. 대안 없이 화만 내는 것은 상황을 더 악화시킬 수 있습니다.

감정이 너무 격할 때는 문제 해결이 어렵습니다. 양쪽 모두 마음이 진정되고 차분하게 이야기할 수 있을 때 대화를 시도하는 것이 좋고, 화가 날 때 하는 운동은 분노의 에너지를 건강하게 해소하는 데 도움이 될 수 있으며 산책을 하거나 좋아하는 운동을 하며 감정을 조절할 수 있습니다. 이렇게 친구와의 다툼은 관계를 더 깊게 만드는 기회가 될 수도 있으니, 서로의 마음을 잘 나누고 이해하는 과정을 통해 더 친하게 잘 지낼 수 있습니다.

그러면 아이가 감정을 조절하는 마인드컨트롤은 가정에서 어떻게 도와줄 수 있을까요?

먼저 부모가 감정을 잘 조절하고 긍정적인 태도를 유지하는 모습을 보여주는 것이 중요합니다. 아이는 부모의 행동을 보고 배우기 때문에, 부모가 스트레스를 관리하고 갈등을 해결하는 방법을 보여주면 도움이 됩니다. 다음은 아이가 자신의 감정을 자유롭게 표현할 수 있도록 격려해야 합니다. 감정을 숨기기보다는 건강하게 표현하는 것이 마인드컨트롤에 도움이 되며 부모는 아이의 감정을 경청하고 이해해 주는 것이 중요합니다. 갈등 상황에서 어떻게 대처할 수 있는지, 감정을 조절하는 방법 등을 함께 연습해 보면서 아이가 스스로 문제를 해결할 수 있는 능력을 키울 수 있도록 아이에게 문제 해결 기술을 가르쳐 주는 것도 좋습니다.

아이가 자신감을 갖고 마인드컨트롤을 지속적으로 시도하도록 아이가 감정을 잘 조절하거나 긍정적인 행동을 보였을 때, 칭찬과 긍정적인 피드백을 주는 것이 필요하고, 스트레스를 줄이고 감정을 조절할 수 있도록 명상, 호흡 운동, 요가 등 이완 기법을 자녀와 함께 시도해 보세요. 가정에서 일관된 규칙과 구조를 제공함으로써 아이가 안정감을 느끼게 해 주고, 안정된 환경은 아이가 감정을 조절하고 마인드컨트롤을 연습하는 데 긍정적인 영향을 미칩니다.

일기 쓰기나 대화 시간을 통해 아이가 자신의 감정을 분석하고 이해할 수 있도록 아이가 자신의 감정과 행동을 돌아볼 수 있는 기회를 제공해 주고, 의사소통, 협력, 갈등 해결 등의 기술을 연습함으로써 아이가 더 나은 대인 관계를 형성할 수 있도록 친구들과의 관계에서 필요한 사회적 기술을 가르쳐 주는 것도 중요합니다.

이러한 방법들은 아이가 스스로 마인드컨트롤을 할 수 있게 하며 아이의 정서적 안정과 사회적 관계 형성에도 긍정적인 영향을 줍니다.

OO야, 지금 네 기분은 어때?

괜찮아?

상상력이 세상을 바꾼다

OO아, 이거 봐! 우리 이걸(쿠션)로 배 만들자!
배? 어디로 가는 배야?
저기 저 멀리 보이는 섬에 가는 탐험선!
저 섬에는 아주 맛있는 과일이 가득하대!
우와! 나도 같이 갈래! 내가 선장 해도 돼?
좋아! 그럼, 네가 선장 하고, 나는 용감한 탐험가 할게!
자, 배에 타세요, 선장님!
출발! 부릉부릉~!
파도가 높다! 배가 흔들려! 꽉 잡으세요.!
으쌰! 으싸! 걱정 마세요, 내가 운전 잘할게요!
저기 새가 날아간다! 우리 배보다 더 빠른가 봐!
아냐, 우리 배가 더 빨라! 우리가 먼저 섬에 도착할 거야!
와! OO아! 저기 섬이 보여! 빨간 지붕이 있는 집도 있어!
정말이네! 도착이다! 휴! 드디어 섬에 왔다!
우리 배고픈데 과일 찾으러 갈까?

어떤 물건이든 아이들의 손에 가면 무엇이든 살아있는 생명체가 되기도 하고 날아다니는 비행기가 되기도 하고 바다를 항해하는 배가 되기도 합니다. 이처럼 아이들의 상상력은 무한한 가능성을 품고 있는 소중한 자산입니다. 특히 유아기의 상상력은 단순히 재미있는 이야기를 만들어내는 것을 넘어, 아이들이 세상을 이해하고 성장하는 데 필수적인 여러 가지 의미를 갖습니다. 유아기의 상상력은 아이들의 정신적 능력을 확장시키는 중요한 역할을 하며 아이들은 상상을 통해 현실 세계 너머의 다양한 가능성을 탐색하고 추상적인 개념을 이해하는 기초가 되기도 합니다. 문제 해결 및 창의성 발달의 기반이 되는 상상력은 아이들이 새로운 아이디어를 떠올리고 문제에 대한 다양한 해결책을 생각하는 데 도움을 주며 주변 환경에서 다양하게 경험하는 자극을 바탕으로 상상을 하게 됩니다. 이러한 상상은 창의적인 사고와 연결되어 앞으로 마주할 여러 상황에 유연하게 대처하는 능력을 길러줍니다.

또한 유아의 상상력은 생활의 실제 경험을 자신의 방식으로 표현하는 것을 강조하기도 하는데 예를 들어, 병원에 다녀온 후 의사 놀이를 하는 것처럼 경험한 것을 상상 속에서 재현하고 표현하며 세상을 이해하고 소화하는 과정을 거치는데, 몬테소리 교육철학의 예를 들면 상상력을 내적 규율의 추상화로 보고, 아이들이 스스로 규칙을 만들고 지키는 놀이를 통해 자신을 조절하는 능력을 발달시키는 과정과 연결되는 것을 의미합니다.

비현실적 환상에서 창조적 상상으로 발달하는 아이들의 초기 상상력은 다소 비현실적인 환상에 가깝지만, 점차 성장하면서 환상적인 상상을 현실화할 수 있는 보다 구체적인 창조 과정의 상상력으로 발전해 나갑니다. 이러한 과정에서 부모나 주변 어른들의 격려와 지지가 매우 중요합니다. 이렇듯 유아기의 상상력은 아이들이 인지적, 정서적, 사회적으로 건강하게 성장하기 위한 필수적인 동력으로 상상을 통해 아이들은 생각의 폭을 넓히고, 창의적인 문제해결 능력을 기르며, 자신과 세상을 이해하고 표현하는 방법을 배웁니다.

유아기의 풍부한 상상력이 잘 발현될 수 있도록 격려하고 지지해주시는 것은 아이의 미래를 위한 귀한 투자가 될 것입니다. 아이의 상상력을 풍부하게 확장시키기 위해서는 다양한 접근방법이 필요합니다. 예를 들어 블록, 미술 도구, 인형 등을 활용하여 자유롭게 창의적인 놀이를 할 수 있도록 제공해 주어야 하는데 이는 아이의 자유로운 놀이가 스스로 상상하고 창조할 수 있는 기회를 주는 것이며, 의사, 요리사, 탐험가 등의 역할놀이는 다양한 역할을 맡아보는 놀이경험을 통해 아이의 상상력을 자극합니다.

독서와 이야기 나누기는 다양한 장르의 책을 읽어주어 아이의 상상력을 자극하는 것으로 특히 판타지나 모험 이야기는 아이의 창의적인 사고를 키우는 데 도움이 되고, 이야기 만들기는 아이와 함께 이야기를 만들어보는 활동을 통해 상상력을 키울 수 있는데 주제를 정하고 각자 이야기를 이어가는 방식으로 할 수 있습니다.

자연 탐험은 자연 속에서 다양한 경험을 하게 하여 아이의 호기심을 자극하고 나무, 꽃, 동물 등을 관찰하며 질문을 주고받으며 대화를 나누는 것도 도움이 되고, 질문과 대화를 위해 호기심을 유도하고 아이가 질문을 할 수 있도록 격려하며, 그 질문에 대해 함께 고민해 보고 "왜?"라는 질문을 통해 깊이 있는 대화를 나누는 것이 중요합니다.

그리고 "만약에…."와 같은 질문으로 "만약에 네가 외계인이라면 어떤 일을 할 것 같아?"라는 질문은 아이의 상상력을 자극하는 좋은 질문이 됩니다.

이처럼 상상력은 미래의 문제 해결 능력과 창의적인 사고에 큰 영향을 미치므로 아이의 상상력을 키우기 위해서는 다양한 경험과 자극을 제공하는 것이 중요합니다. 이러한 방법들을 통해 아이에게 자유롭게 상상하고 창조할 수 있는 환경을 만들어 주면 창의력과 상상력이 풍부한 아이로 성장하게 됩니다.

우리에게 많이 알려져 있는 과학자들 중 상상력으로 세상을 바꾼 과학자들 중 대표적인 과학자 아인슈타인은 사고 실험(thought experiment)을 통해 복잡한 과학적 개념을 상상 속에서 시각화하고 탐구하는 데 탁월했다고 합니다. 이러한 사고 실험들은 그의 혁신적인 이론들을 탄생시키는 중요한 바탕이 되었고, 아인슈타인 스스로 "지식보다 상상력이 중요하다"고 말하기도 했는데 그의 가장 유명한 상상력 실험 중 하나는 '엘리베이터 사고 실험'입니다.

아인슈타인은 어느 날, 자신이 자유낙하 하는 엘리베이터 안에 있다고 상상했다고 합니다.

만약 엘리베이터가 줄이 끊어져 지구 중력에 의해 자유낙하 한다면, 엘리베이터 안에 있는 사람은 무게를 느끼지 못하고 마치 우주 공간에 있는 것처럼 둥둥 떠다니지 않을까를 생각했고, 반대로, 만약 엘리베이터가 중력이 없는 우주 공간에 있고, 외부에서 줄로 엘리베이터를 위로 빠르게 끌어당긴다면 어떨까요? 엘리베이터 안에 있는 사람은 마치 지구에서 중력을 느끼는 것처럼 바닥에 발이 붙어 무게를 느끼게 될 것이라고 생각했다고 합니다. 아인슈타인은 이 두 가지 상황을 상상하며, 중력에 의해 아래로 떨어지는 것과 가속도에 의해 위로 움직이는 것 사이에 어떤 근본적인 차이도 없다는 생각을 하게 되었습니다. 즉, 중력의 효과와 가속도의 효과는 서로 구별할 수 없다는 '등가 원리'를 상상력을 통해 도출해 낸 것입니다.

이러한 사고 실험은 실제 엘리베이터를 타고 실험할 수 있는 것이 아니었습니다. 아인슈타인은 오로지 자신의 머릿속 상상력만을 가지고 이 복잡한 물리학적 개념을 시각화하고 탐구했으며 그의 상상력은 현실의 제약을 넘어 이론의 세계에서 자유롭게 넘나들며 새로운 발견으로 이어졌습니다. 이처럼 아인슈타인은 어린 시절 학교 성적이 좋지 않았다는 일화도 있지만, 그의 남다른 천재성과 상상력을 보여주는 증거로 거론되기도 합니다. 그는 기존의 지식에만 얽매이지 않고 끊임없이 '왜?'라는 질문을 던지며 자신만의 방식으로 세상을 이해하려 노력했다고 합니다.

우리나라에도 상상력이 뛰어난 인물로 우리 모두가 잘 아는 과학자 장영실이 있습니다.

장영실은 세종대왕의 전폭적인 지지 아래 조선의 과학 기술 발전에 크게 기여한 인물로, 많은 발명품 중에서 상상력으로 만들어진 옥루는 당시에 백성들을 위한 획기적인 발명품으로 알려져 있습니다. 옥루는 자격루가 완성된 지 4년 후인 1438년(세종 20년)에 장영실이 만든 또 하나의 자동 물시계인데 단순한 시간 측정 기계를 넘어, 당시 백성들의 생활과 자연의 변화를 반영한 마치 작은 우주를 보는듯한 예술적인 요소까지 결합된 발명품이었다고 합니다.

옥루는 지금은 실물로 남아있지 않지만, 기록을 통해 그 모습을 짐작해 볼 수 있는데 옥루에는 물시계 장치뿐만 아니라 태양의 운

행 등 천체의 변화를 보여주는 장치도 있었고, 심지어 동지, 춘분, 하지, 추분까지 알려주었다고 합니다.

특히 옥루의 상상력이 돋보이는 부분은 자동으로 움직이는 인형들이 등장하여 시간을 알려주는 장치로, 기록에 따르면 옥루에는 농촌의 사계절 풍경이 그려진 화폭을 배경으로 선녀가 방울을 들고 나타나거나 사람, 동물, 나무 등을 나무로 조각한 인형들이 움직이며 농촌의 자연을 재현하는 모습으로 이는 단순히 시간을 측정하는 기능을 넘어, 백성들이 시간의 흐름과 계절의 변화를 시각적으로 그리고 이야기처럼 즐겁게 이해할 수 있도록 하려는 장영실의 따뜻한 마음과 풍부한 상상력이 담겨 있다는 평가가 있습니다. 딱딱한 과학 기구에 생동감 있는 인형들과 아름다운 배경을 더해, 보는 사람들에게 즐거움과 감동을 선사하려 했다는 점에서 장영실의 상상력이 발휘된 발명품이라고 볼 수 있을 것입니다.

이렇게 과학자들의 상상력과 창의성은 세상을 바꾸며 과학과 기술 발전에 얼마나 중요한 역할을 했는지를 잘 보여주고 있습니다.

우리 아이들은 자신이 자라는 동안 보고 듣고 알고 있는 모든 지식들을 총동원해서 상상할 것이며, 상상한 것을 창의적으로 만들어내려고 끊임없이 도전할 것입니다.

실패해도 좌절하지 않고 다시 도전할 수 있도록 끊임없는 격려와 지지를 해 주세요.

아이들의 상상력이 세상을 바꿀 것입니다.

끊임없는 도전과 실패

아이들이 넘어지고 부딪히면서도 다시 일어서는 모습은 정말 대견하고 감동적입니다.

발달단계로 보면 유아기의 아이들은 아직 세상을 탐색하고 자신의 신체와 능력을 알아가는 단계이기 때문에 끊임없이 새로운 것에 도전하고 시도하는 것은 자연스러운 발달 과정이라 할 수 있습니다. 아이들은 무언가를 시도하다가 잘되지 않아도 포기하지 않고 계속 반복해서 다시 도전하는 것은 마치 태릉선수촌에 온 것처럼 무한 반복 훈련을 통해 결국 발전을 이루어내는 것과 같습니다. 이러한 과정은 실패를 경험하더라도 다시 일어서는 끈기와 좌절을 극복하는 회복 탄력성을 기르게 되며, 스스로 목표를 정하고 도전을 통해 성공을 맛보는 경험은 아이에게 큰 성취감을 느끼게 하며 '나는 할 수 있다'라는 긍정적인 믿음으로 이어져 자존감을 높이는 중요한 요소가 되기도 합니다.

아이가 스스로 무언가에 관심을 갖고 목표를 정해 도전하는 것은 외부의 강요가 아닌 내면에서 우러나오는 동기에 의한 행동이며 이러한 경험은 앞으로의 학습 과정에서 스스로 탐색하고 배우는 자기 주도적인 태도를 형성하는 기반이 됩니다. 이때 도전을 하는 과정에서 예상치 못한 어려움에 부딪히기도 하는데 아이들은 이러한 문제를 해결하기 위해 다양한 방법을 시도하고, 실패를 통해 배우며 점차 효율적인 방법을 찾아나가게 됩니다. 그러면서 아이는 문제 해결 능력을 자연스럽게 갖게 됩니다.

새로운 환경을 탐색하고 다양한 신체 활동에 도전하는 것은 대근육, 소 근육 발달뿐만 아니라 오감을 통해 세상을 인지하고 사고하는 능력을 발달시키고 이런 어린 시절의 경험은 뇌 발달에 큰 영향을 미치게 됩니다.

유아기의 끊임없는 도전은 아이가 신체적으로 건강하게 자라고, 스스로 생각하고 행동하며 어려움을 극복하는 강한 마음을 기르는 데 필수적인 교육적 의미를 가집니다.

이렇게 도전하는 마음은 새로운 경험이나 목표를 추구하며, 어려움이나 실패를 두려워하지 않고 적극적으로 나아가는 태도를 의미하는데 이러한 마음가짐은 개인의 성장과 발전에도 중요한 역할을 하게 됩니다. 또한 도전하는 마음은 명확한 목표를 설정하고 이를 달성하기 위해 노력하는 자세를 말하며 목표가 있을 때, 아이들은 그 목표를 향해 나아가고자 하는 동기를 가지게 되고, 불확실성과 위험을 감수하는 것과 새로운 것을 시도할 때 실패할 가능성은 있지만, 이를 받아들이고 도전하게 됩니다. 이 과정에서 실패나 어려움을 겪을 수는 있으나 실패를 학습의 기회로 삼고 다시 일어서는 회복력은 매우 중요합니다. 그리고 새로운 것을 배우고 경험하고자 하는 호기심은 도전하는 마음의 중요한 요소로서 아이들을 새로운 도전으로 이끌어 줍니다.

이렇게 도전이 중요한 이유는 인간은 경험을 통해 배우고 성장하는 존재이기 때문이고, 도전과 실패는 새로운 지식과 기술을 습득하는 기회를 제공하며 실패를 통해 무엇이 잘못되었는지를 이해하고, 이를 바탕으로 더 나은 결정을 내릴 수 있기 때문입니다.

그래서 많은 사람들은 목표를 설정하고 목표 달성을 위해 노력하며 끊임없이 도전하게 됩니다.

인간은 본능적으로 호기심이 많고 새로운 것을 탐구하려는 경향이 있는데 새로운 도전은 이러한 호기심을 충족시키고 다양한 경험을 통해 세상을 이해하는 데 도움을 주기도 합니다.

도전과 실패는 개인의 성장에 어떤 영향을 줄까요?

도전과 실패를 경험하면서 개인은 자신의 강점과 약점을 더 잘 이해하게 됩니다. 이러한 자기 인식은 개인의 성장에 중요한 기초가 되며, 실패했을 때는 종종 문제를 해결하기 위한 새로운 접근 방식을 모색하게 만드는데 이를 통해 개인은 창의적이고 비판적인 사고 능력을 발전시킬 수 있습니다. 또한 실패를 경험하고 이를 극복하는 과정에서 개인은 회복력을 기르게 됩니다. 이는 어려운 상황에서도 다시 일어설 수 있는 능력을 키우는 데 도움을 주고, 학습의 기회를 제공하며 실패를 통해 무엇이 잘못되었는지를 분석하고, 이를 바탕으로 더 나은 선택을 할 수 있는 지식을 얻게 됩니다.

도전은 목표를 설정하고 이를 달성하기 위한 동기를 제공하고 실패를 통해서 목표를 재조정하며 더 나은 전략을 개발하여 성공할 가능성을 높일 수 있습니다. 실패는 종종 실망감이나 좌절감을 동반하는데 이러한 감정을 조절하고 극복하는 과정에서 개인은 감정 조절 능력을 향상시킬 수 있습니다. 실패했을 때 다시 도전하도록 용기를 내는 것 또한 중요한데 그것은 실패를 부정적으로만 보지 말고, 그것이 배움의 기회임을 이해하는 것이 중요하고, 구체적이고 달성 가능한 작은 목표로 나누어 다시 도전하면 덜 부담스럽게 느껴지고 성공에 가까이 다가갈 수 있게 됩니다.

자신에게 긍정적인 말로 "나는 할 수 있다", "이 경험을 통해 더 나아질 것이다"와 같은 긍정적인 문구를 반복하는 것도 도움이 될 수 있습니다.

그리고 친구, 가족, 멘토와 같이 지지하는 사람들과 이야기하게 하면 그들의 격려와 조언이 다시 도전하는 데 큰 힘이 될 수 있으며, 이전에 성공했던 경험을 떠올려보며 그때의 감정과 성취감을 기억하면서 다시 도전할 용기를 얻을 수도 있고, 큰 도전이 부담스럽다면, 작은 단계부터 시작하고 작은 성공을 쌓아가면서 자신감을 키워 보는 것도 좋은 방법입니다.

이렇게 도전을 단순한 성공이나 실패로 한정짓지 말고, 성장과 배움의 과정으로 바라본다면 도전 자체가 더 긍정적인 경험으로 다가올 수 있으며 다시 도전할 수 있는 용기를 얻을 수 있습니다. 중요한 것은 포기하지 않고 잠시 쉬어가더라도 계속 나아가도록 하는 것입니다.

너의 때가 온다

박노해

네가 자꾸 쓰러지는 것은
네가 꼭 이룰 것이 있기 때문이야
네가 지금 길을 잃어버린 것은
네가 가야만 할 길이 있기 때문이야

네가 다시 울며 가는 것은
네가 꽃피워 낼 것이 있기 때문이야

힘들고 앞이 안 보일 때는
너의 하늘을 보아
네가 하늘처럼 생각하는
너를 하늘처럼 바라보는

너무 힘들어 눈물이 흐를 때는
가만히 네 마음 가장 깊은 곳에 가 닿는
너의 하늘을 보아

너는 작은 솔씨 하나지만
네 안에는 아름드리 금강송이 들어있다
너는 작은 도토리알이지만
네 안에는 우람한 참나무가 들어있다
너는 작은 보리 한 줌이지만
네 안에는 푸른 보리밭이 숨 쉬고 있다

너는 지금 작지만
너는 이미 크다
너는 지금 모르지만
너의 때가 오고 있다

끊임없는
격려와 지지

"괜찮아" "최선을 다하는 네 모습이 정말 멋졌어"
"엄마와 아빠가 항상 옆에 있을 거야."
"실패해도 괜찮아, 다시 시작하면 돼"
"포기하지 않으면 분명 좋은 결과가 있을 거야."
"울고 싶으면 울어도 괜찮아."

아이의 성장과정에서 부모의 끊임없는 격려와 지지는 꼭 필요합니다. 왜 필요하고 언제 필요한 걸까요? 부모의 격려와 지지는 아이에게 여러 가지 긍정적인 영향을 줍니다.

또한 아이가 자신의 능력에 대한 신뢰를 쌓는 데 도움을 주고, 부모의 긍정적인 피드백은 아이가 도전할 수 있는 용기를 주고, 성공적인 경험을 통해 아이는 자신감을 더욱 강화합니다.

부모가 지지하고 격려할 때, 아이는 정서적 안정감을 느끼고, 안전하다고 느끼면 감정을 표현하는 데 더 개방적으로 되며, 부모의 지지는 아이의 학습에 대한 동기를 높이고, 부모가 아이의 노력을 인정하고 칭찬할 때 아이는 학습에 대한 흥미를 느끼고 더 많은 노력을 기울이게 됩니다. 뿐만 아니라 부모의 지지는 아이가 어려운 상황에서 문제를 해결하는 데 자신감을 갖게 하고, 격려를 통해 아이는 실패를 두려워하지 않고 도전하는 태도를 유지할 수 있습니다.

그리고 아이가 다른 사람들과의 관계를 형성하고 유지하는 데에도 도움을 주게 되며, 부모가 긍정적인 상호작용을 모델링할 때, 아이는 사회적 기술을 배우고 발전시킬 수 있습니다.

부모의 격려는 아이가 스트레스나 어려움을 극복하는 데 도움을 주고, 지지를 받는 아이는 실패나 좌절을 경험하더라도 다시 일어설 수 있는 힘을 얻습니다. 또한 아이가 긍정적인 자아 이미지를 형성하는 데 기여하며 자신이 사랑받고 지지받고 있다는 느낌은 아이의 자존감을 높이기도 합니다. 이는 아이가 새로운 아이디어를 탐구하고 창의적으로 생각하는 데 더 자유로워지게 하고, 격려가 있는 환경에서는 아이가 실험하고 실패하는 것을 두려워하지 않게 됩니다. 이처럼 부모의 격려와 지지는 아이의 전반적인 성장과 발달에 매우 중요한 역할을 하며, 건강하고 정서적, 사회적, 인지적 발달을 촉진합니다.

부모가 아이에게 격려와 지지를 해 줄 수 있는 실제적인 방법은 다양합니다. 긍정적인 피드백을 제공하며 아이가 잘한 점이나 노력한 부분에 대해 구체적으로 칭찬합니다. 예를 들어, "네가 숙제를 열심히 해서 보기 좋았고 정말 잘했어!"와 같이 구체적으로 말해주는 것이 좋고, 아이의 이야기를 진지하게 들어주고 아이의 감정이나 생각을 존중해 주며 아이가 자신의 의견을 자유롭게 표현할 수 있도록 격려하는 것이 중요합니다.

아이가 실패했을 때, 이를 비난하기보다는 실패를 통해 배울 수 있는 기회로 삼도록 도와줍니다. "실패는 성공의 어머니야. 다음에는 더 잘할 수 있을 거야."와 같은 격려의 말을 해줍니다.

아이와 함께 현실적이고 달성 가능한 목표를 설정하고, 그 목표를 향해 나아가는 과정을 지원하며 목표를 달성했을 때는 함께 축하해주며 아이가 어떤 활동을 하든 일관되게 지지해 주는 것도 중요합니다. 예를 들어, 스포츠, 음악, 학업 등 다양한 분야에서 아이의 노력을 인정하고 응원합니다. 부모가 긍정적인 태도와 일관된 행동을 보여줌으로써 아이에게 좋은 본보기가 되는데 부모가 스스로 도전하고 노력하는 모습을 보여주는 것이 더 효과적입니다.

아이에게 자주 사랑과 애정을 표현해 주며 포옹이나 칭찬, 작은 선물 등으로 아이가 사랑받고 있다는 느낌을 받을 수 있도록 하고, 아이가 스스로 결정을 내릴 수 있도록 기회를 주면서 그 선택을 존중해 주면, 아이는 자신의 능력을 믿고 성장할 수 있습니다.

가족과 함께하는 활동을 통해 유대감을 강화하고, 아이가 소속감을 느낄 수 있도록 합니다. 예를 들어, 함께 요리하거나 운동하는 시간을 가질 수 있고, 아이가 힘들어할 때, 그들의 감정을 이해하고 격려해줍니다. "네가 힘든 것 이해해. 언제든지 이야기해도 좋아."와 같은 말로 아이의 감정을 인정해줍니다.

그러면 부모가 아이에게 격려와 지지를 해 주어야 하는 시점은 언제일까요? 아이가 새로운 활동이나 과제를 시작할 때 아이는 긴장하게 됩니다. 예를 들어 새로운 스포츠, 악기, 학습 과목 등을 시도할 때 격려와 지지가 필요합니다. 이때 부모의 지지는 아이에게 큰 힘이 되고, 아이가 실패하거나 어려움을 겪을 때, 좌절하지 않도록 즉각적인 지지를 해 주고, 부모가 "괜찮아, 다음에는 더 잘

할 수 있어."라고 말해주면 아이는 다시 도전할 용기를 얻을 수 있습니다. 일상적인 과제나 활동에서 아주 작은 것이라도 아이가 목표를 세우고 이를 달성했을 때, 그 성취를 축하해주고 격려하는 것이 중요합니다. 이는 아이에게 성취감을 느끼게 하고, 더 큰 목표를 향해 나아가도록 동기를 부여합니다. 예를 들어, 숙제를 하거나 집안일을 도와줄 때 그들의 노력을 인정해주는 것이 좋습니다. 인정은 아이의 자존감을 높여 줍니다.

친구와의 관계에서 어려움을 겪거나 갈등이 생길 때에도 부모의 지지가 필요합니다. 이때 부모가 아이의 감정을 이해하고 지지해주면, 아이는 사회적 기술을 배우고 성장하는 기회가 되며, 아이가 스트레스를 받거나 우울한 기분을 느낄 때는 부모가 지지와 격려의 말로 아이에게 "많이 힘들구나. 너의 감정을 이해해. 언제든지 이야기하렴."이라고 아이의 감정을 알아주면 아이는 마음의 안정을 찾을 수 있게 됩니다. 아이가 자신감이 부족할 때, 부모가 긍정적인 피드백을 주고 격려해주는 것이 중요합니다.

"너는 할 수 있어!" "최선을 다하는 모습은 정말 멋진 거란다."라는 메시지가 아이가 용기를 내는 데 큰 힘이 되고, 생일, 졸업식, 대회 등 특별한 날이나 행사에서 아이를 격려하고 지지해 주어 함께 기뻐할 수 있는 대상이 있다는 것, 그 대상이 부모라면 더욱 큰 의미가 있습니다.

이러한 다양한 순간에 부모가 격려와 지지를 아끼지 않는다면, 아이는 자신감을 가지고 성장할 수 있으며, 자존감과 더불어 긍정적인 자아상을 형성할 수 있습니다.

*이 세상에서
모두가 아니라고 해도
내 편
한 사람만 있으면
아이는
그 힘으로 온전한 삶을
살아갈 수 있습니다.*

문제해결을 즐기는 아이

 기찻길을 만들고 있는 아이가 건널목에서 기차가 올 때 사고가 나지 않도록 하기 위해 차단기를 설치하려 합니다. 그런데 어떻게 해야 할지 몰라 하며 아이는 도움을 요청합니다.

 "엄마, 어떻게 만들면 좋을까요?"
 "그럼, 한번 생각해 보자. 너는 어떻게 만들었으면 좋겠어?"
 "어떤 재료가 필요할까? 기둥을 세우려면 어떻게 해야 하지?"

 엄마는 계속 질문을 하며 아이가 스스로 답을 찾도록 해 줍니다. 아이는 엄마에게 도움을 요청했고 엄마는 아이 스스로 문제를 해결할 수 있도록 단계적으로 질문을 합니다. 이 과정에서 아이는 스스로 문제를 해결해 나갈 수 있다는 것을 깨닫게 됩니다. 놀이과정에서 문제해결의 경험을 많이 한 아이는 문제가 생겼을 때 어려워하지 않고 해결도 놀이처럼 즐길 수 있게 되는데 이렇게 문제해결을 즐기는 아이들은 대부분 호기심이 많습니다. 새로운 것에 대한 탐색 욕구가 강하고, 주변 사물이나 현상에 대해 "왜?", "어떻게?"와 같은 질문을 자주 합니다. 어려운 상황에 부딪혔을 때는 쉽게 포기하지 않고, 여러 가지 방법을 시도하며 해결하려 노력합니다. 마치 퍼즐 조각이 잘 맞춰지지 않아도 계속 이리저리 돌려보는 것처럼 말이지요. 그리고 끈기와 인내심이 있습니다. 당장 해결되지 않아도 좌절하기보다는 꾸준히 방법을 찾으려고 애씁니다. 이 과정에서 시행착오를 통해서도 배우게 되는데 한 번 실패하더라도 다른 방식을 시도하며 실패를 두려워하기보다 배움의 기회로 삼습니다.

문제를 해결했을 때는 큰 만족감과 성취감, 기쁨을 느끼고 이런 경험은 다음 문제에 도전하는 동기가 되기도 합니다. 장난감을 가지고 놀 때는 단순히 정해진 방식대로만 하지 않고, 주변 환경을 적극적으로 탐색하며 자신만의 방법으로 조작하거나 변형하여 새로운 놀이를 만들어내기도 합니다. 이렇게 문제해결을 즐길 줄 아는 아이는 스스로 생각하는 힘, 논리적인 사고력, 그리고 어려움을 극복하는 자신감을 키워나갈 가능성이 높습니다.

이때 부모는 아이가 문제 해결 과정 자체를 즐길 수 있도록 격려해주고, 바로 답을 알려주기보다는 스스로 방법을 찾도록 기다려주는 것이 중요합니다.

문제 해결이란 특정한 문제나 도전 과제를 인식하고, 이를 해결하기 위한 방법을 찾는 과정입니다. 구체적으로 문제를 해결해 가는 과정을 단계별로 알아보면, 먼저 문제 해결의 첫 번째 단계는 문제를 인식하고 정의하는 것입니다. 문제의 본질을 이해하고, 해결해야 할 구체적인 사항을 명확히 아는 것이 중요합니다.

다음은 문제를 해결하기 위해 필요한 정보를 수집하고, 여러 가지 대안을 생각해냅니다.

이 단계에서는 창의적인 사고가 중요한데 가능한 한 다양한 방법으로 많은 해결책을 생각해 보는 것이 좋습니다. 그런 다음 생각해 낸 방법들을 평가해 보고 가장 적합한 해결책을 선택합니다. 이 과정에서는 각각의 방법에 대한 장단점, 실행 가능성 등을 고려해 보는 것도 중요합니다. 그리고 선택한 해결책을 실제로 실행하면서 계획을 세우고, 필요한 자원을 준비하며 실행에 필요한 것들을 체크하고, 실행한 해결책의 결과를 평가하며 문제 해결이 성공적이었는지, 예상한 결과를 달성했는지 생각해 보고, 필요시 추가적으로 보완합니다.

끝으로 문제 해결 과정에서 얻은 교훈을 바탕으로 향후 유사한 문제에 대한 접근 방식을 개선해 나갈 수 있습니다.

문제 해결은 호기심으로 시작해 문제를 해결하는 과정을 거쳐 문제해결능력을 갖게 되는데 이는 수시로 접하는 문제를 어렵지 않게 생각하고 스스로 해결해 감으로써 자존감은 물론 자신감도 키워줄 수 있습니다. 그래서 문제해결 과정은 개인의 일상생활뿐만 아니라 다양한 분야에서 필요한 능력이고, 효과적인 문제해결 능력은 비판적 사고, 창의성, 협력, 의사소통 등의 다양한 기술이 필요한 언제 어디에서든지 사회생활의 기초능력으로 갖춰야 할 꼭 필요한 부분입니다. 취학 전 연령에서 문제해결능력을 키워주는 방법은 가정에서부터 부모가 함께할 수 있습니다.

우선 문제 해결을 즐길 수 있도록 아이에게 세상에 대한 호기심을 갖도록 해 주고, 아이가 질문을 하도록 격려하고, 다양한 주제에 대해 탐구할 수 있는 기회를 제공하면 아이는 새로운 것에 대한 탐구심이 생기고, 다양한 질문을 통해 문제의 본질을 이해하려고 노력하게 됩니다.

아이는 문제를 다각도로 바라보고, 기존의 틀에 얽매이지 않고 새로운 아이디어를 생각해내는 능력이 생기게 되며 이를 위해 실험, 탐험, 독서 등은 호기심을 키울 수 있는 좋은 활동이 됩니다. 문제 해결 과정에서 어려움이 닥쳐도 쉽게 포기하지 않고, 인내심을 가지고 문제를 해결하도록 격려해 주고, 실패를 하더라도 실패의 원인을 생각해 보며 다른 방법으로 다시 도전해 볼 수 있게 하여 실패를 두려워하지 않도록 격려하며 실패한 경험을 통해 무엇을 배웠는지 이야기해 봅니다.

문제를 분석하고, 논리적으로 접근하기 위해서는 비판적 사고가 중요합니다. 예를 들어, 문제의 원인을 찾고, 가능한 해결책을 비교하는 활동을 통해 비판적 사고를 기를 수 있습니다. 문제를 보면 먼저 분석하게 하고, 논리적으로 접근하게 한 다음 다양한 정보를 수집하며 이를 바탕으로 합리적인 결론을 도출할 수 있도록 합니다.

협력적 학습 환경을 조성하는 것도 중요합니다. 친구들과 함께 문제를 해결하는 활동을 통해 협력의 중요성을 알려주고 그룹 프로젝트나 팀 게임 등을 통해 서로의 아이디어를 존중하고 협력하는 방법을 배울 수 있으며, 문제 해결에 대한 자신감을 갖도록 해 보겠다는 도전의식과 더불어 자신의 능력을 믿게 해 주면서 창의적 사고를 촉진하기 위한 다양한 문제를 제시하고, 여러 가지 해결책을 생각해보도록 유도합니다. 브레인스토밍 섹션을 통해 아이가 자유롭게 아이디어를 표현할 수 있는 환경을 만들어주면 도전하는 것을 두려워하지 않고 문제를 해결하는 데 긍정적인 영향을 미칩니다.

문제 해결 과정에서 긍정적인 태도를 유지하며 어려운 상황에서도 긍정적인 시각을 잃지 않게 문제 해결의 과정을 중요시하고, 결과보다 과정에서 배운 점을 강조해서 알려주세요.

문제를 정의하고, 해결책을 모색하며, 격려와 지지를 해 주면 아이는 문제를 기회로 보고, 이를 통해 성장할 수 있다고 믿게 됩니다. 일상생활에서 마주치는 문제를 해결하는 경험을 제공해 주고 아이가 문제를 해결했을 때, 긍정적인 피드백을 주어 자신감을 심어줍니다. 이때 작은 성취도 칭찬하고, 노력의 가치를 인정해주는 것이 중요합니다.

예를 들어, 가정에서의 작은 문제(자기 물건 정리하기, 가정의 불편사항 해결하기 등)를 함께 해결해보면서 문제해결의 과정을 경험하게 해 주는 것도 도움이 됩니다.

이렇게 아이들은 문제 해결 경험을 통해 긍정적인 태도뿐만 아니라 자신감을 갖고 다양한 상황에서 효과적으로 대처할 수 있는 능력을 갖추게 됩니다. 이러한 능력은 학습뿐만 아니라, 미래의 다양한 도전 과제를 극복하는 데에도 큰 도움이 됩니다.

그렇다면 문제 해결 능력이 학습 능력에 어떤 영향을 미칠까요? 문제 해결 능력이 뛰어난 아이는 정보를 분석하고 평가하는 능력이 향상되며, 스스로 학습 목표를 설정하고, 필요한 자원을 찾아 활용을 하는데 이는 자기주도적인 학습 태도를 기르는 데 도움이 됩니다. 또한 다양한 문제를 해결하는 과정에서 창의적인 사고가 발달합니다. 새로운 아이디어를 생성하고, 기존의 지식을 새로운 방식으로 연결하는 데 도움을 주고, 변화하는 상황에 잘 적응할 수 있습니다. 이는 학습 환경이 변화하거나 새로운 과제가 주어졌을 때 유연하게 대처할 수 있는 능력을 키우는 데 도움이 됩니다. 문제 해결 과정에서 다른 사람과 협력하는 경험은 사회적 기술을 발전시키고, 팀워크의 중요성을 이해하게 합니다. 이는 그룹 프로젝트나 협동 학습에서 효과적으로 작용합니다. 그리고 어려운 상황에서도 침착하게 대처할 수 있는 능력을 갖게 되며 학습 과정에서의 스트레스를 줄이고, 긍정적인 학습 경험을 증진시킵니다. 문제를 해결하는 과정에서 성취감을 느끼면, 학습에 대한 동기가 증가합니다. 이는 지속적인 학습을 촉진하고, 새로운 도전에 대한 긍정적인 태도를 형성하는 데 기여합니다.

이렇게 문제 해결 능력은 학습 능력과 밀접하게 연결되어 있으며, 학생이 더 효과적으로 학습하고 성장할 수 있도록 돕는 중요한 요소입니다.

특히 문제해결능력을 갖고 있는 아이는 단체생활에서도 긍정적인 모습을 보일 수 있습니다.

문제 해결 능력이 뛰어난 아이는 갈등 상황에서 효과적으로 중재하고 해결책을 제시하며 단체 내에서의 화합을 유지하는 데 큰 도움이 되고, 문제를 해결하는 과정에서 자연스럽게 리더십을 발휘할 수 있습니다. 다른 친구들이 어려움을 겪을 때, 아이가 주도적으로 나서서 해결책을 찾는 모습은 다른 이들에게 긍정적인 영향을 주며, 문제 해결 과정에서 다른 사람들과 협력하는 경험은 팀워크를 강화하고 아이는 다양한 의견을 수렴하고, 함께 해결책을 모색하는 방법을 배우게 됩니다.

문제 해결 능력이 있는 아이는 다양한 접근 방식을 시도하고, 창의적인 해결책을 제시하며 단체 활동에서 새로운 아이디어와 혁신을 가져오는 데 기여합니다. 또한 문제를 성공적으로 해결한 경험은 아이에게 자신감을 주기 때문에 단체생활에서의 참여도와 적극성을 높이는 데 도움이 되고, 다양한 문제를 해결하는 과정에서 아이는 변화하는 상황에 잘 적응하는 능력을 기릅니다. 이는 단체 생활에서의 유연성을 높이고, 새로운 환경에 쉽게 적응할 수 있으며, 자신의 생각을 명확하게 전달하고, 다른 사람의 의견을 경청하는 능력을 발전시킵니다. 이렇게 문제 해결에 참여하면서 아이는 자신의 행동이 단체에 미치는 영향을 인식하게 되는데 이는 책임감을 기르는 데 중요한 역할을 합니다.

우리 아이의 문제해결능력을 믿고
오늘부터 아이와 함께 미션을 만들어
수행해 보시면 어떨까요?

질문은 정답보다 중요하다

　우리는 늘 정답이 옳은 줄 알고 정답만 찾으려 노력하며 애쓰고 있습니다. 그러나 정답보다 더 중요한 것은 정답을 찾아낼 수 있는 질문입니다. 항상 호기심을 갖고 궁금한 것을 질문하며 하나씩 알아가는 과정에서 아이는 학습하게 되며 지식을 쌓아가게 됩니다.

　그래서 좋은 질문은 정답보다 중요합니다. 좋은 질문은 새로운 지식을 탐구하고 이해하는 데 필수적이며 질문을 통해 사람들은 궁금한 점을 명확히 하고, 더 깊이 있는 정보를 얻을 수 있습니다. 질문은 비판적 사고를 자극하는데 질문을 통해 주어진 정보나 상황을 분석하고, 다양한 관점을 보고 생각하게 합니다. 문제를 해결하기 위해서는 적절한 질문이 필요한데 이는 문제의 본질을 파악하고, 해결책을 찾기 위한 방향성을 제시하는 데 중요한 역할을 합니다.

　또한 질문은 의사소통의 중요한 도구이며 상대방의 의견이나 생각을 이해하고, 대화를 이어가는 데 도움을 주고 관계를 강화하는 데 기여하기도 합니다.

질문은 학생들이 질문을 통해 자신의 이해정도를 파악하고, 더 나아가 학습 내용을 깊이 있게 탐구할 수 있게 학습 과정에서 중요한 역할을 하며 자신의 생각이나 행동에 대해 질문해 보며 성장하고 발전할 수 있는 기회를 가지며 자기반성을 촉진하게 됩니다. 또한 질문은 상대방에게 관심을 보이는 것이고, 이렇게 그들의 생각이나 감정을 이해하려는 노력은 서로의 신뢰를 쌓는 데 기여하기도 합니다. 이처럼 질문은 단순한 정보 요청을 넘어, 개인의 성장, 관계 형성, 문제 해결 등 다양한 측면에서 중요한 역할을 합니다.

그런데 질문이라고 다 좋은 것은 아닙니다.

좋은 답을 찾기 위한 과정을 위해서는 질문 자체가 좋은 내용으로 구성된 질문이어야 하며, 좋은 질문이 정답보다 중요한 이유는 여러 가지를 들 수 있습니다.

좋은 질문은 탐구의 출발점이 됩니다. 질문을 통해 사람들은 새로운 지식을 발견하고, 더 깊이 있는 이해를 추구하게 되며 정답은 단순히 정보를 제공하는 반면, 질문은 더 많은 질문을 낳고 학습을 촉진합니다. 예를 들어, 처음 질문으로 "왜 어떤 나뭇잎은 가을에 빨갛게 변할까요?" 이 질문에 대한 답을 찾아보면서, 식물이 계절 변화에 따라 엽록소를 분해하고 다른 색소(안토시아닌 등)를 드러내기 때문이라는 것을 알게 됩니다. 두 번째 할 수 있는 질문들은 "그렇다면 왜 모든 나뭇잎이 빨갛게 변하는 것은 아닐까요?", "단풍 색깔은 온도나 햇빛과 관련이 있을까요?", "색깔이 변하는 것이 식물에게 어떤 이점을 줄까요?" 이렇게 새로운 질문들이 계속 생겨나고, 이러한 질문들의 답을 찾는 과정에서 식물의 생태와 환경과의 관계 등 더 깊이 있는 생물학적 지식을 학습하게 됩니다.

좋은 질문은 비판적 사고를 자극합니다. 질문을 통해 사람들은 주어진 정보에 대해 분석하고 평가하며, 다양한 관점을 고려하게 됩니다. 이는 문제 해결 능력을 향상시키는 데 기여합니다.

예를 들어, 정보를 구성 요소별로 나누고 그 관계를 파악하는 질문입니다.

"이 정보의 주장(주제)은 무엇인가요?" "이 주장이 사실인지 알 수 있는 근거는 무엇인가요?"

"이 정보는 어떻게(예: 인물, 사건, 시간, 장소, 원인, 결과) 이루어져 있나요?" 등

질문은 창의적인 사고를 유도합니다. "왜?" 또는 "어떻게?"와 같은 질문은 새로운 아이디어와 해결책을 모색하는 데 도움을 줍니다. 정답은 종종 고정된 사고를 유도할 수 있지만, 질문은 사고의 경계를 확장합니다. 예를 들어, "아이스크림은 왜 차가워야 할까?" "약은 왜 맛이 없을까?" 등

좋은 질문은 자기반성을 촉진합니다. 자신의 생각이나 행동에 대해 질문함으로써, 개인은 성장하고 발전할 수 있는 기회를 가집니다. 정답은 외부의 기준에 의존할 수 있지만, 질문은 내면의 성찰을 유도하기도 합니다. 문제를 해결하기 위해서도 적절한 질문이 필요합니다. 문제의 본질을 파악하고, 해결책을 찾기 위한 방향성을 제시하는 데 질문이 중요한 역할을 합니다. 정답은 문제 해결의 결과일 수 있지만, 질문은 그 과정의 시작입니다.

좋은 질문은 지속적인 발전을 가능하게 합니다. 질문을 통해 사람들은 자신의 지식과 이해를 확장하고, 새로운 도전과 기회를 모색하게 됩니다. 이는 개인의 성장뿐만 아니라 조직이나 사회의 발전에도 기여합니다.

최근 몇 년 전부터 서울시교육청에서도 질문이 있는 교실을 만들고자 많은 노력을 하고 있는데 이는 질문이 아이들의 학습에 많은 도움을 주고 있고 수동적인 수업태도에서 능동적인 태도로 전환될 수 있으며 수업에 대한 참여도와 교육의 효율성을 높일 수 있기 때문일 것입니다. 질문의 중요성을 연구한 이정민, 김하늘의 논문 '유아의 질문이 학습에 미치는 영향'에서 보면 질문은 유아의 인지 발달과 문제 해결 능력에 긍정적인 영향을 미친다는 연구결과가 있고, 이 외에도 유아의 '질문과 인지발달'에 관한 연구(김영희, 이수진) 등 질문에 관한 다수의 연구에서도 질문의 중요성을 찾아볼 수 있습니다.

교육현장에서 질문의 중요성을 인식하고 이를 활용하기 위해서는 아이들이 질문을 잘하도록 지도하는 효과적인 방법을 찾아볼 수 있습니다. 우선 아이들이 질문을 자유롭게 할 수 있는 환경을 조성하고 질문이 환영받는 분위기를 만들어야 하며, 아이들이 질문을 했을 때 긍정적으로 반응하고 칭찬하여 질문하는 것을 장려합니다. 아이들에게 개방형 질문(예: "왜 그렇게 생각해?")과 폐쇄형 질문(예: "이것이 맞니?")의 차이를 가르쳐서 더 깊이 있는 질문을 할 수 있도록 유도하며 집에서 아이들이 활동을 하면서 질문을 하도록 유도합니다. 예를 들어, "오늘 무엇을 했니?"와 같은 질문을 통해 대화를 시작할 수 있습니다. 아이들이 하는 활동에 대해 질문을 던져, 그들이 스스로 생각하고 질문하도록 유도합니다. 아이들이 질문을 할 때 그들의 의견과 아이디어를 존중하고 경청하며 아이들이 자신의 생각을 표현할 수 있도록 도와줍니다. 또한 아이들과 함께 질문을 만드는 연습을 합니다. 예를 들어, 특정 주제에 대해 여러 가지 질문을 만들어 보게 하면서 아이들에게 질문이 왜 중요한지, 질문을 통해 무엇을 배울 수 있는지를 설명합니다. 이런 활동은 질문의 가치를 인식하게 합니다.

이러한 방법들을 통해 아이들이 질문을 잘하고 스스로 생각하는 능력을 키울 수 있도록 도와줄 수 있습니다. 질문은 학습의 중요한 도구이므로 아이들이 질문을 자유롭게 잘할 수 있도록 장려하는 것이 매우 중요합니다.

질문을 잘했던 유명인 중에서 우리가 알고 있는 사람들의 일화는 여러 가지가 있습니다.

이들은 질문을 통해 중요한 대화의 장을 열거나, 사람들의 생각을 자극하는 방식으로 유명해졌는데, 오프라 윈프리는 자신의 토크쇼에서 게스트에게 깊이 있는 질문을 던지는 것으로 유명합니다. 그녀는 "당신의 인생에서 가장 큰 교훈은 무엇인가요?"와 같은 질문을 통해 게스트가 자신의 경험을 공유하도록 유도했습니다. 이러한 질문은 단순한 대화를 넘어, 감성적이고 진솔한 이야기를 이끌어내는 데 큰 역할을 했습니다.

스티브 잡스는 항상 "왜?"라는 질문을 통해 문제의 본질을 파악하려고 했고, "왜 우리는 이 기능이 필요하다고 생각하는가?"라는 질문을 던져, 팀이 본질적인 문제를 깊이 고민하도록 유도해 애플의 혁신적인 제품 개발에 큰 영향을 미쳤다고 합니다.

이처럼 질문은 아이의 호기심과 사고력을 키우는 중요한 도구이므로, 부모의 적극적인 지원이 필요합니다.

아이들이 질문을 잘하도록 키우기 위해 부모가 할 수 있는 역할은 무엇일까요?

호기심을 격려하기, "왜?" 질문을 장려하기, 아이가 "왜?"라는 질문을 할 때, 그 질문에 대해 더 많은 정보를 제공하고 탐구하도록 격려해 보세요. 이는 아이가 세상에 대한 이해를 깊게 하는 데 도움이 되고, 생각이 닫힌 단순한 질문(예: "이거 좋아해?") 대신 생각을 해 볼 수 있는 열린 질문(예: "이것에 대해 어떻게 생각해?")을 사용하여 아이가 더 깊이 생각하고 대답할 수 있게 합니다. 일상적인 상황에서 아이에게 질문을 던져보세요. 예를 들어, "오늘 학교에서 어떤 일이 있었어?"와 같은 질문을 통해 아이가 자신의 경험을 이야기하도록 유도할 수 있습니다. 함께 책을 읽고, 책의 내용에 대해 질문을 던지며 대화를 나누는 것도 좋은 방법입니다. 이는 아이의 사고력을 자극하고 질문하는 습관을 기르는 데 도움이 되며, 아이가 질문을 하거나 의견을 말할 때, 그 의견을 존중하고 진지하게 들어주면 아이가 자신의 생각을 표현하는 데 자신감을 갖게 합니다. 아이가 질문을 하거나 질문을 시도하려고 할 때 실패를 두려워하지 않도록 격려해 주고, 실패는 배움의 과정임을 이해하도록 도와주세요. 그리고 아이가 탐구할 수 있는 흥미로운 물건이나 경험을 제공하세요. 예를 들어, 자연 관찰, 과학 실험 등을 통해 아이의 호기심을 자극할 수 있습니다. 아이와의 대화에서 질문을 통해 감정적 연결을 강화하고, 비판적 사고 능력을 키울 수 있도록 하고 아이가 질문을 했을 때, 그 질문에 대해 긍정적인 반응을 보이고, 더 많은 질문을 하도록 격려해 주세요. 그러면 아이가 질문하는 것을 즐기게 됩니다.

 부모가 이러한 방법들을 통해 아이의 질문 능력을 키우면 아이는 더 나은 사고력과 호기심을 갖춘 인재로 성장할 수 있습니다.

 질문은 단순한 대화의 도구가 아니라 아이의 사고와 학습을 촉진하는 중요한 요소이며, 아이가 질문을 통해 세상을 탐구하고 이해하는 데 도움을 주는 것이 부모의 중요한 역할입니다.

질문은 밖으로 나가는 문과 같습니다.

아이가 문을 열고 나가서 넓고 큰 세상을 보며

호기심으로 하나씩 탐구하고 알아가다 보면

아이는 온 세상을 다 품을 수 있는 큰 사람이 될 것입니다.

아이가 문을 열고 나갈 수 있도록 문을 열어 주세요.

4장.
미래세상/자신의 역량을 최대치로
(학교생활)

생각을 열어라

"엄마, 이것은 왜 이렇게 된 거예요?"
"아~, 다른 방법도 있구나."
"더 좋은 방법을 생각해 볼게요."
"아빠, 이렇게 해도 될 것 같아요."

생각을 연다는 말은 마음을 열고 생각하는 열린 사고를 뜻하는 말로 내가 원래 가지고 있던 생각이나 믿음뿐만 아니라 다른 사람들의 생각이나 새로운 정보에도 귀를 기울이고 받아들일 준비가 되어 있는 마음가짐이라고 할 수 있습니다.

열린 사고의 시작은 일단 그 정보나 주장이 내가 원래 생각했던 것과 다르더라도, 혹은 좀 이상하게 느껴지더라도 바로 '이건 틀렸어!' 하고 넘겨버리지 않고, "음, 이런 이야기도 있구나. 한번 들어 볼까?" 하고 마음을 열고 내용을 찬찬히 생각해 보는 것으로 왜 저런 주장을 하는지, 어떤 내용인지 일단 들어보려고 노력하는 것을 말합니다. 이것이 바로 열린 사고가 필요한 순간이고 다양한 관점을 받아들일 준비가 되었다는 것을 의미합니다.

그러나 열린 사고만 필요한 것은 아닙니다. 만약 열린 사고만 있고 비판적 사고가 부족하면 아무 정보나 다 믿어버릴 수 있고, 비판적 사고만 있고 열린 사고가 부족하면 새로운 정보나 다른 의견을 아예 들으려 하지 않을 수 있기 때문에 열린 사고와 비판적 사고를 함께 활용해야 더 현명하게 세상을 이해하고 판단할 수 있게 됩니다.

많은 연구에서도 나와 있는데 비판적 사고는 단순히 남을 비판하는 것이 아니라, 주어진 정보나 상황을 있는 그대로 받아들이지 않고 합리적인 근거를 가지고 분석하며 스스로 판단을 내리는 능력을 말하는데, 유아기 때부터 이러한 비판적 사고 능력을 기르는 것이 중요합니다.

아이들의 눈높이에 맞춰 비판적 사고를 알려줄 수 있는 사례는 이야기나 동화를 듣고 내용을 질문해 보는 활동을 들 수 있습니다.

사례) 선생님이 '아기 돼지 삼형제' 동화를 읽어주고 나서 아이들에게 물어봅니다.

"첫째 돼지와 둘째 돼지의 집은 늑대가 왜 금방 부실 수 있었을까?"

"셋째 돼지는 왜 벽돌로 집을 지었을까?"

"늑대가 연기로 굴뚝을 내려오려고 했을 때 셋째 돼지는 어떻게 그런 생각을 했을까?"

단순히 이야기를 듣고 내용을 파악하는 것을 넘어 등장인물의 행동 이유나 결과를 생각해 보며 다른 선택을 했다면 어떻게 되었을지도 상상하게 할 수 있고, "만약 셋째 돼지도 풀집을 지었다면 어떻게 됐을까?"와 같이 질문하며 결과 예측 능력도 길러줄 수 있습니다.

다음은 문제 상황에 대한 해결책을 함께 찾아볼 수도 있습니다.

사례) 놀이 시간에 블록이 부족해서 두 명의 친구가 싸우고 있습니다. 선생님이 개입하여 "블록이 부족해서 속상하구나. 우리가 모두 재미있게 블록 놀이를 하려면 어떻게 하면 좋을까?" 하고 물어봅니다. 아이들은 각자 생각하는 방법을 이야기하고(예: "나 혼자 다 써요", "반씩 나눠요", "다른 장난감을 가지고 놀아요." "다음에 같이 써요" 등), 각 방법의 장점이나 단점의 결과를 함께 이야기 나눠봅니다. 이는 주어진 문제를 인식하고, 다양한 해결책을 탐색하며, 각 해결책이 가져올 결과를 예측하고 비교, 판단하는 과정을 경험하게 하며 최선의 해결책을 스스로 선택하거나 합의하는 과정을 통해 문제 해결 능력을 기를 수 있습니다.

열린 사고는 처음에는 듣기 싫을 수도 있으나 새로운 정보나 다른 의견을 일단 접할 수 있고, 비판적 사고를 통해 그 정보의 사실이나 가치를 제대로 판단할 수 있게 되며, 특정 정보에 대해 단순히 '좋다·나쁘다, 맞다·틀리다'로만 생각하는 게 아니라, '이 정보는 이러이러한 점에서 일리가 있지만, 저러저러한 부분은 근거가 부족 하네'와 같이 더 깊이 있고 균형 잡힌 합리적인 판단을 내릴 수 있게 도와줍니다. 새로운 정보나 다양한 관점을 거부감 없이 받아들이고 탐색하려는 태도의 열린 사고는 궁금한 것이 많고, 상상력이 풍부하며, 다른 사람의 이야기도 잘 들어주는 모습으로 나타날 수 있습니다. 반면, 비판적 사고는 주어진 정보나 상황을 그대로 받아들이지 않고, 왜 그런지, 정말 맞는지, 다른 방법은 없는지 등을 따져보고 합리적으로 판단하려는 능력을 말하는데, 이 두 가지 사고를 균형 있게 잘 활용하는 아이들은 몇 가지 특징을 보입니다.

첫째, 호기심이 많고 질문하기를 좋아합니다.

"왜요?", "이건 뭐예요?", "어떻게 이렇게 돼요?" 등 다양한 질문을 쏟아내며 새로운 것을 알고 싶어 하고(열린 사고), 단순히 질문만 하는 것이 아니라 들은 대답에 대해 다시 "정말 그런가요?", "다른 이유는 없어요?"와 같이 더 깊이 파고드는 질문을 하기도 하고 (비판적 사고). 다양한 의견이나 아이디어를 잘 받아들이면서도 자신의 생각을 이야기하기도 합니다.

친구의 놀이 방법을 이야기할 때도 "오, 그렇게도 할 수 있구나!"라며 관심을 보이고 따라 하기도 하고(열린 사고), 무조건 친구의 방식을 따르는 것이 아니라, 자신의 경험이나 생각을 바탕으로 "나는 이렇게 하면 더 좋을 것 같아"라며 다른 방법을 제안하거나 자신의 의견을 분명히 말하기도 합니다. (비판적 사고).

둘째, 이야기나 상황을 듣고 여러 가지 가능성을 생각합니다.

그림책을 읽고 나서 "만약 주인공이 다른 선택을 했다면 어떻게 됐을까?" 하고 상상하거나 이야기 속 인물의 입장이 되어 생각해보고(열린 사고), 이야기 내용 중에 앞뒤가 맞지 않거나 이상하다고 느껴지는 부분에 대해 "그런데 이건 왜 이래요?"라며 의문을 제기하고 이유를 찾으려고 합니다(비판적 사고).

셋째, 문제 상황을 만났을 때 여러 해결 방법을 시도하고 평가합니다.

어려운 놀이를 만났을 때 좌절하기보다는 "이렇게 해볼까? 아니면 저렇게?"라며 다양한 방법을 떠올리며 시도하고(열린 사고), 여러 방법을 시도하면서 어떤 방법이 효과적인지 아닌지 스스로 느끼고, 그 방법이 왜 잘 되었는지 그러지 않았는지 간단하게 설명하기도 합니다(비판적 사고).

넷째, 새로운 경험이나 정보에 대해 긍정적인 태도를 가지면서도 무조건 믿지 않습니다.

처음 보는 것이나 처음 듣는 이야기에 대해 흥미를 보이고 다가가려 하며(열린 사고), 누가 어떤 이야기를 하더라도 "진짜?", "왜 그렇게 생각해?"라며 한 번 더 확인하거나 출처를 궁금해하는 모습을 보이기도 합니다(비판적 사고).

이러한 특징들을 가진 유아들은 새로운 지식을 적극적으로 받아들이고(열린 사고), 그 지식이 타당한지 스스로 검토하며(비판적 사고), 자신만의 생각으로 발전시켜 나가는 능력이 뛰어나다고 볼 수 있습니다.

'왜?'

라는 아이들의 질문은

열린 사고의 시작입니다.

무(無)에서 유(有)를 창조하라

블록놀이나 쌓기 놀이는 무에서 유를 창조하는 대표적인 활동입니다.

아이들은 그날그날 자신의 관심사가 된 것들을 친구들과 함께 혹은 혼자서 카프라나 사각블록, 벽돌블록 등 교구를 이용해 끊임없이 작품을 만들어냅니다. 그리고 자신이 만든 것을 열심히 설명하는 과정에서 자신감과 함께 성취감을 맛보게 됩니다. 이렇게 무에서 유를 만들어내는 경험을 한 아이들은 학교생활에서도 팀 활동이나 프로젝트 활동 등에서 거부감 없이 잘해 낼 수 있게 됩니다. 일반적으로 무에서 유를 창조한다는 것은 형태가 없는 상태에서 무언가를 새로운 형태의 작품을 만들어낸다는 것을 의미하는데 가장 흔하게 쓰이는 의미는 거의 아무런 자원이나 조건이 없는 상태에서 뛰어난 창의력이나 노력으로 엄청난 결과나 성과를 만들어냈을 때 쓰는 말입니다. 예를 들어, 헨리 포드가 자동차를 만든 것이나 정약용처럼 남들과 똑같은 것을 보고도 전혀 다르게 해석해서 새로운 것을 만들어내는 창의적인 발상도 '무에서 유를 창조한다'는 것과 같이 보통 기존에 없던 것을 새롭게 만들거나, 매우 불리한 조건에서도 대단한 성취를 이뤄내는 창의적이고 혁신적인 행위를 비유적으로 표현할 때 많이 사용하기도 합니다.

교육에서 가장 중요하게 생각하는 창의성 및 혁신 능력 개발은 무언가를 창조한다는 것, 곧 창의적인 활동을 의미하는데 교육에서의 창조는 완전한 무에서 시작하기보다는 아이들이 기존에 배운 지식이나 경험 또는 아이디어들을 새롭게 조합하고 연결해서 전에 없던 아이디어나 결과물을 만들어내는 것을 더 강조하며, 모방을 통해 배우고 발전시키는 과정도 창조의 중요한 부분으로 보기도 합니다. 그래서 교육은 아이들이 이런 '새로운 조합을 통한 창조'를 할 수 있도록 지식의 바탕을 마련해주고, 자유롭게 생각하고 시도할 수 있는 환경을 만들어주는 것을 목표로 하기도 합니다.

문제를 만난다는 것, '해결책이 없는 상태', 즉 해결책이라는 '유'가 없는 '무'의 상태에 놓이는 것과 같으며 아이들이 이런 '무'의 상태에서 당황하지 않고, 각자가 가진 지식과 정보를 활용하여 스스로 해결책이라는 '유'를 만들어낼 수 있는 능력을 길러주는 데 초점을 맞추기도 합니다.

모든 아이들은 각자의 잠재력과 가능성을 가지고 태어나지만, 이것이 저절로 현실이 되는 것은 아닙니다. 아이들이 자신 안에 있는 숨겨진 능력과 재능(잠재적인 '유')을 발견하고 발전시켜 실제로 발휘할 수 있도록 돕는 과정이며, 아이들의 내면에 있는 '무형의 잠재력'을 '유형의 성취'로 만들어내는 데 기여한다고 볼 수 있습니다.

교육은 단순히 남이 만들어 놓은 지식을 수동적으로 받아들이는 것을 넘어, 스스로 생각하고 자신만의 관점이나 아이디어로 형성하는 것을 중요하게 여깁니다. 이는 외부의 정보나 지식을 바탕으로 자신만의 새로운 이해나 생각을 만들어내는, 일종의 지적인 '무에서 유' 창조 과정이라고 할 수 있습니다. 결국 교육적인 맥락에서 '무에서 유를 창조한다'라는 것은, 아이들이 단순히 지식을 암기하는 것을 넘어 스스로 생각하고, 새로운 것을 만들어내고, 문제를 해결하며, 자신의 가능성을 실현하는 주체적인 사람으로 성장하도록 돕는 중요한 가치이자 목표라고 할 수 있습니다.

그러면 '무에서 유를 창조하는 사고'를 교육으로 어떻게 키워줄 수 있을까요?

이것은 다양하고 깊은 지식과 경험을 제공하는 것으로, 사실 완전히 '무'에서 시작하기보다는 우리가 가진 지식이나 경험들을 새롭게 조합하고 연결해서 창의적인 아이디어를 만들고, 아이들이 다양한 분야의 지식을 넓고 깊게 쌓고, 여러 가지 경험을 해볼 수 있도록 도울 수 있습니다. 우선 창의적 사고 기법을 가르치고 활용하는 것으로, 막연하게 "창의적으로 생각해 봐!" 하기보다는 아이디어를 내는 데 도움이 되는 구체적인 방법들을 알려주는 것이 효과적입니다.

예를 들어, 여러 사람이 자유롭게 아이디어를 쏟아내는 브레인스토밍, 서로 관련 없어 보이는 것들을 억지로 연결해서 새로운 아이디어를 떠올리는 강제 결합법, 기존의 것을 다른 것으로 대체(S), 결합(C), 응용(A), 확대·축소(M), 다른 용도로 활용(P), 제거(E), 뒤집거나 재배열(R) 해보는 SCAMPER 기법 등 이런 방법들을 사용하면 좀 더 체계적으로 아이디어를 발산하는 연습을 할 수 있습니다.

여기서 중요한 것은 실패를 두려워하지 않는 안전한 환경을 조성해 주고, 새로운 시도를 하거나 엉뚱한 아이디어를 내는 것을 비난하지 않는 분위기를 만들어주는 겁니다. '실패해도 괜찮다', '이상한 아이디어도 환영한다'는 인식을 심어줘야 아이들이 마음 놓고 다양한 생각을 꺼내놓을 수 있기 때문에 창의성을 키우도록 허용적인 분위기를 조성해야 합니다. 호기심을 자극하며 질문하는 능력을 키우는 것은 세상에 대해 궁금해하고 '왜?'라고 질문하는 것에서부터 새로운 발견과 창조가 시작되고 아이들이 자연스럽게 질문을 던지고 스스로 답을 찾아가는 과정을 즐기도록 이끌어줍니다. 그리고 서로 다른 아이디어를 결합하고 발전시키는 연습도 중요합니다. 다른 사람이 낸 아이디어를 무시하지 않고, 거기서 영감을 얻어 자신의 생각과 연결하거나 더 발전시키는 연습을 하고 협력을 통해 더 나은 아이디어를 만들어내는 경험을 하게 합니다. 또한 문제를 기반한 학습 (Problem-Based Learning)을 활용하기도 하는데 이는 정답이 정해지지 않은 실제적인 문제를 제시하고, 아이들이 스스로 정보를 찾고 아이디어를 모아 해결책을 고민하는 과정에서 '무(해결책이 없는 상태)'에서 '유(해결책)'를 만들어내는 경험을 할 수 있게 합니다.

개방적이고 유연한 사고를 할 수 있도록 하나의 정답이나 방식에만 얽매이지 않고, 여러 가능성을 열어두고 생각하는 태도를 길러줘야 하며, 다른 관점이나 새로운 정보에 대해 거부감 없이 받아들이는 열린 사고의 중요성을 계속 알려주는 것이 필요합니다. 이런 교육들을 통해 아이들이 단순히 지식을 습득하는 것을 넘어, 그 지식을 바탕으로 전에 없던 새로운 가치나 아이디어를 만들어내는 창조하는 사고를 자연스럽게 키울 수 있습니다.

어느 정도 훈련이 된 후에는 아이들이 기존에 알고 있는 지식에만 머물지 않고, 그걸 넘어서서 새롭고 독창적인 아이디어를 만들어내도록 돕는 다양한 교육 방법들을 찾아보고 정답이 하나가 아님을 강조하며 다양한 해결책 찾도록 격려해 주면서 많은 문제에는 여러 가지 해결 방법이 있을 수 있다는 것을 알려주고, 아이들이 다양한 가능성을 탐색하도록 이끌어 줍니다.

이를 '확산적 사고'라고 하는데, 이는 하나의 문제에 대해 다양한 방법과 여러 가지 답을 제시하여 새롭고 독특한 많은 아이디어를 산출하는 것을 말하며 이때 아이디어의 양과 다양성, 독창성을 중요하게 여기는 분위기를 만드는 것이 필요합니다.

다음은 창의적 사고 기법(아이디어를 체계적으로 발상하는 데 도움이 되는 여러 가지 기법)을 배우고 활용하게 합니다. 예를 들어, SCAMPER 기법처럼 기존의 것을 변형하거나 조합해보는 방법, 브레인스토밍처럼 자유롭게 아이디어를 쏟아내는 방법 등을 가르쳐주면 아이들이 아이디어를 내는 것을 조금 더 쉽게 할 수 있습니다.

이렇게 질문하고 탐구하는 분위기를 만들어 주면, 아이들은 자연스럽게 "왜 그럴까?", "다르게 생각해 볼 순 없을까?" 같은 질문을 던지도록 유도하고 교사가 일방적으로 지식을 전달하기보다는 아이들이 스스로 궁금증을 해결하기 위해 탐구하는 과정에서 새로운 아이디어가 떠오르도록 하며 질문을 통해 생각의 수준을 높일 수 있게 합니다.

학교 수업에서 배우는 여러 과목의 내용을 연결해보거나, 교실 밖 세상의 다양한 현상과 연결해서 생각해보는 경험을 할 수 있도록 제공해 주고, 혼자 생각하는 것보다 친구들과 함께 아이디어를 나누고 서로의 생각에 영감을 얻을 때 더 풍부하고 새로운 아이디어가 나올 수 있도록 서로의 아이디어를 존중하고 발전시켜주는 분위기를 만드는 것도 중요합니다.

물론 새로운 아이디어를 시도하다 보면 실패할 수도 있습니다. 하지만 그 실패에서 배우고 다시 도전하는 과정이 창의성을 키우는 데 꼭 필요하고, 결과보다는 과정을 중요하게 여기며 실패를 통해 배운 점을 이야기 나누는 시간을 갖게 하면 이런 교육적인 노력들을 통해 아이들이 기존의 틀에서 벗어나 자유롭게 생각하고 자신만의 독창적인 아이디어를 만들어내는 힘을 기를 수 있습니다.

"내가 만든 첨성대에요, 어때요?"
곡선이 보이게 하느라 힘들었지만, 우리가 해 냈어요.
"에스키모 사람들이 사는 이글루를 만들었어요.
둥근 지붕을 만드는데 가장 어려웠는데 친구들과 함께했어요."
건축물을 만드는 팀별 활동에서 아이들은 실패를 거듭하며
친구들과 방법을 찾아냈고
드리어 완성되었다며 만족감, 성취감을 느낄 수 있었던
아이들에게는
최고의 순간이 되었습니다.

융합하라

사전적으로 '융합(融合, Convergence)'은 다른 종류의 것이 녹아서 서로 구별이 없게 하나로 합하여지거나, 그렇게 만들거나 그런 일을 뜻하는 말로 기존의 다른 것들이 서로 어우러져 새로운 하나가 되는 것을 의미하며, 개념적인 측면에서는 여러 가지 개념을 합쳐 하나의 새로운 개념으로 만드는 것, 기존의 학문이나 영역이 사라지고 새로운 것이 만들어지는 것을 말합니다. 예를 들어 문화 예술 분야에서는 음악의 크로스오버나 콜라보레이션처럼 서로 다른 장르나 요소가 결합되는 것, 디자인 분야에서는 서로 떨어져 달리 기능해왔던 두 개의 디자인 요소가 합쳐져 새로운 의미를 만드는 것을 말합니다. 즉, 융합은 서로 다른 것이 단순히 합쳐지는 것을 넘어, 각자의 경계를 허물고 녹아들어 새로운 하나를 만들어내는 과정을 의미합니다.

빠르게 변화하고 있는 디지털 시대, 인공지능시대에 우리는 미래를 살아갈 나의 아이에게 어떤 교육으로 어떻게 가르쳐야 할까요?

이제는 한 분야만 잘하는 것보다는 다각도로 생각하고 두 가지 이상을 융합할 수 있는 능력을 키워야 미래를 대비하며 새로운 것을 창조할 수 있게 됩니다.

현재 유치원을 포함하여 학교에서도 융합교육의 중요성을 강조하며 관련 프로그램을 도입하여 진행하고 있고 기업이나 사회 전체에서도 분야별로 서로 다른 여러 분야가 융합하며 융합기술, 융합프로그램 등을 통해 새롭게 만들어 가고 있습니다.

먼저 놀이 중심 교육과정을 진행하는 유치원에서는 가장 효과적인 융합교육을 하고 있는데 과학, 예술, 수학을 함께 묶어서 재미있게 놀이 활동을 함으로써 아이들은 놀면서 자연스럽게 학습하고 배움이 더 풍성해지며 창의력도 쑥쑥 자라게 합니다.

예를 들어 '색깔 섞기 마법사 놀이'는 물감이나 색깔 있는 물감을 섞으면서 색깔이 어떻게 변하는지 관찰합니다. 빨강이랑 파랑을 섞으면 보라색이 되는 것처럼 색의 혼합 원리를 자연스럽게 배우게 되고 물감의 농도에 따라 색이 진해지거나 연해지는 것도 관찰할 수 있습니다. (관찰, 변화 탐구) 섞어서 만든 다양한 색깔로 그림을 그리거나 물방울 떨어뜨리기 같은 기법으로 추상적인 작품을 만들어보며 자유롭게 색을 표현하고 나만의 멋진 작품을 만들면서 예술적인 감각을 키울 수 있습니다. (미술 표현, 창의적 표현) 사용한 색깔의 수를 세어보거나, 물감을 섞을 때 '빨강 두 방울, 파랑 한 방울'처럼 양을 조절해보고, 만들어진 그림에서 동그라미, 세모 같은 도형을 찾아보거나 개수를 세어보는 활동을 할 수 있습니다. (세기, 측정, 비교, 도형 인식)

자연물로 '패턴 만들기 및 꾸미기'는 나뭇잎, 나뭇가지, 돌멩이, 꽃잎, 씨앗 같은 자연물을 주워서 탐색하고, 나뭇잎 모양은 왜 다를까? 돌멩이는 왜 딱딱할까? 씨앗에서는 뭐가 나올까? 등 자연의 특징에 대해 이야기 나누며(자연 관찰, 탐구), 주운 자연물들을 이용해서 도화지 위에 자유롭게 붙이거나 늘어놓아 멋진 그림이나 작품을 만들어 봅니다. 그리고 자연물의 색깔이나 모양을 그대로 활용해서 아름다움을 표현하는 활동을 할 수 있습니다. (자연미술, 구성)

자연물로 '나뭇잎-돌멩이-나뭇잎-돌멩이'처럼 규칙을 정해서 반복하게 패턴을 만들어보거나 자연물 크기 순서대로 늘어놓기, 같은 종류끼리 분류하기, 자연물의 개수를 세어보는 활동을 할 수도 있습니다. (패턴 인식, 확장, 순서, 분류, 세기)

찰흙·점토로 만들기 & 무게·크기 비교는 찰흙이나 점토의 부드러운 느낌, 물을 섞으면 어떻게 변하는지 등 재료의 성질을 직접 손으로 느껴보고 탐색하며 딱딱했던 찰흙이 물을 만나 부드러워지는 변화를 관찰할 수 있습니다. (재료 탐색, 변화 관찰)

찰흙이나 점토로 상상하는 것은 무엇이든 자유롭게 (동물, 사람, 자동차 등) 만들면서 표현력과 소근육을 기를 수도 있고 나중에 채색하는 활동도 해 볼 수 있습니다. (조형 활동, 입체 표현) 이렇게 만든 작품들의 크기를 비교해보고 '이게 더 크네!', '저게 더 작네!' 이야기하거나, 간단한 저울을 이용해 만든 작품의 무게를 비교해보기도 하고 똑같은 크기의 공을 만들어서 개수를 세어보는 활동도 할 수 있습니다. (크기 비교, 무게 비교, 세기)

이야기 중심의 통합 활동으로는 하나의 동화나 이야기를 중심으로 다양한 활동을 연결해 볼 수 있는데, 예를 들어 '아기 돼지 삼형제' 이야기를 듣고, 튼튼한 집을 만드는 방법에 대해 이야기 나누고(과학, 공학), 직접 블록이나 다른 재료로 집을 만들어보고(미술, 소근육 발달), 집 크기를 비교해보거나(수학), 역할극을 해 볼 수 있습니다.

주변 환경 및 생활 주제 탐구활동에서는 '우리 동네', '마트 놀이', '병원 놀이' 같은 아이들 주변의 익숙한 환경이나 생활 주제를 가지고 놀이하며 관련된 다양한 내용을 배우고, 돈 계산을 해보거나(수학), 역할극을 통해 사회적 역할과 의사소통을 배우며(사회성, 언어), 관련된 그림을 그리거나 만들기를 하는(미술)등 자연스럽게 여러 영역의 학습이 통합되어 이루어집니다.

안전 교육과 연계한 활동으로는 교통안전 교육을 딱딱하게 앉아서 듣는 대신, 횡단보도 모형을 만들거나 신호등 규칙에 맞춰 길을 건너는 역할극을 하는 등 창의적인 놀이와 연계해서 진행하면 훨씬 재미있고 효과적입니다.

특히 융합교육 프로그램은 아이들이 즐겁게 놀면서 자연스럽게 여러 분야의 지식과 경험을 연결하고, 문제를 해결하는 과정에서 창의적인 아이디어를 떠올리도록 돕는 것이 핵심이며 딱딱한 교과 구분이 아니라, 아이들의 호기심과 흥미를 따라가면서 다양한 배움이 일어나도록 이끌어주는 것이 중요합니다.

이런 다양한 놀이들은 아이들이 딱딱하게 '이건 과학 시간, 이건 미술 시간'하고 구분하지 않고, 놀이 속에서 자연스럽게 다양한 분야의 개념들은 접하고 서로 연결하도록 도와줍니다. 아이들의 호기심을 자극하고 즐거움을 느끼게 하면서 창의적인 생각과 문제 해결 능력도 함께 키워줄 수 있는 좋은 교육방법이 됩니다.

학교에서 진행되고 있는 융합교육의 예를 보면 대표적으로 STEAM 기반 놀이 활동이 있습니다. 과학(Science), 기술(Technology), 공학(Engineering), 예술(Arts), 수학(Mathematics)의 앞 글자를 딴 STEAM 교육은 다양한 방법으로 활발하게 진행되고 있는데, 예를 들어, '다리 만들기 프로젝트'에서 강을 건너는 방법에 대해 이야기 나누고(과학, 사회), 다양한 재료(종이컵, 나무 블록, 빨대 등)를 이용해 직접 다리 모형을 만들어보고(공학, 기술, 미술), 어떤 재료가 더 튼튼한지 실험하고(과학), 사용된 재료의 개수를 세거나 길이를 재보는(수학) 활동을 모두 연결해서 만들기도 하고 물놀이, 모래놀이 같은 자연 속 놀이도 과학적 탐구, 신체 발달, 정서·사회성 발달 등이 함께 이루어지는 융합적인 활동이라고 할 수 있습니다.

코딩이나 AI 로봇을 활용한 융합 교육은 단순히 로봇을 조작하는 것을 넘어, 코딩 블록을 조합해서 로봇에게 명령을 내리며 논리력을 기르고(기술, 수학, 논리), 특정 미션을 해결하기 위해 친구들과 협력하고 아이디어를 나누는(사회성, 창의성) 활동을 할 수 있습니다.

앞으로 기술이 엄청나게 발전하고 사회 변화 속도가 빠른 미래시대에는 단순히 한 분야의 지식만 깊이 아는 것만으로는 부족하며, 다양한 분야의 지식을 연결하고 융합해서 창의적으로 문제를 해결할 수 있는 능력을 키우는 것이 중요합니다. 때문에 융합 교육은 바로 이런 '창의·융합 인재'를 기르는 데 목표를 두고 있는 것입니다.

지금 우리가 사는 세상의 문제들은 '이건 수학 문제', '저건 과학 문제'처럼 딱딱 나뉘어 있지 않습니다. 환경 문제만 봐도 과학, 기술, 경제, 윤리 등 다양한 분야가 얽혀 있는 것처럼 문제를 해결하기 위해서는 교과목별로만 따로 배우면 이런 복잡한 문제들을 전체적으로 이해하고 해결하는 데 한계가 있습니다. 이를 위해 융합 교육은 여러 교과 내용을 통합해서 가르치기 때문에 학생들이 실제 세상의 문제를 더 잘 이해하고 해결 방법을 찾도록 도와줍니다.

요즘 학교에서는 수학 시간엔 수학만, 과학 시간엔 과학만 배우는 기존 시스템에서 교과 간 장벽을 허물고 여러 교과(예: 과학, 수학, 예술, 기술 등)의 내용을 엮어서 가르칩니다. 이렇게 되면 학생들은 하나의 현상이나 문제를 다양한 관점에서 바라볼 수 있게 됩니다.

예를 들어, 물을 배우더라도 과학 시간에는 물의 성질을, 미술 시간에는 물을 표현하는 방법을, 기술 시간에는 물을 활용하는 장치를 배우는 식으로 이렇게 다양한 시각으로 대상을 보면 전에 생각하지 못했던 새로운 아이디어가 떠오를 가능성이 커지게 됩니다.

창의력은 종종 이미 알고 있는 여러 정보를 새롭고 독창적인 방식으로 연결하고 조합할 때 발현되지만 융합 교육은 학생들이 자연스럽게 여러 분야의 지식을 접하고 이 지식들 사이의 연결고리를 찾도록 하며, 과학 원리를 이용해서 미술 작품을 만들거나, 수학적 사고를 활용해서 코딩 문제를 해결하는 것처럼 서로 다른 분야의 지식이 만나면 전에 없던 참신한 아이디어가 탄생하게 됩니다. 이처럼 학생들은 문제 해결을 위해 다양한 방법을 모색하고 시도하는 과정에서 스스로 아이디어를 내고 검증하는 경험을 하게 되고, 이 과정에서 자연스럽게 창의적인 사고력을 기르게 되며 문제 상황에 몰입하면서 더 나은 해결책을 찾아가게 됩니다.

특히 융합 교육은 '정해진 답'만 찾는 것에서 벗어나, 여러 가능성을 탐색하고 다양한 해결책을 상상하도록 장려하고 서로 다른 분야의 접근 방식을 경험하면서 생각의 폭이 넓어지고, 한 가지 방식에만 얽매이지 않는 유연한 사고를 하게 되면서 유연성이 창의력 발휘에 중요한 역할을 합니다. 그래서 문제를 해결하려면 다양한 각도에서 바라보고, 해결에 필요한 여러 가지 도구나 방법을 활용할 줄 알아야 하는데 융합 교육은 학생들이 과학적 탐구 방법, 공학적 설계 과정, 수학적 분석, 예술적 표현 등 여러 분야의 접근 방식을 배우고 문제 해결에 적용하며 특정 문제에 대해 '아, 이건 이렇게도 생각해볼 수 있겠구나!', '저 분야의 지식을 써보면 해결할 수 있을지도 몰라!' 같은 유연한 사고를 하게 됩니다.

종종 정해진 답이 없는 '열린 문제'를 다룰 때 이런 문제를 해결하려면 기존의 방식대로 해서는 어렵기 때문에 새롭고 창의적인 아이디어가 필요합니다. 다양한 분야의 지식을 연결하고 조합하는 과정 자체가 창의적인 아이디어를 떠올리고 학생들이 '전에 없던' 해결책을 스스로 고안해보는 경험을 하면서 '무에서 유를 창조하는 사고'와 연결되는 문제 해결 능력을 키울 수 있습니다.

흔히 우리가 살면서 마주치는 문제들은 '이건 과학 문제니까 과학 지식만 있으면 돼' 하는 식으로 단순하지 않아서 환경 문제, 사회 문제, 새로운 기술 개발 등 대부분의 문제들은 과학, 기술, 공학, 예술, 수학, 사회 등 여러 분야가 복합적으로 얽혀 있습니다.

이런 실제 생활 속 문제를 교육과정으로 가져와 학생들이 여러 교과의 지식을 통합적으로 사용해서 문제의 원인을 분석하고 다양한 해결책을 모색하도록 해서 문제를 덩어리째 보고 해결하는 연습을 하게 됩니다. 또한 복잡한 문제들은 혼자 해결하기 어려운 경우가 많은데 융합 교육 프로젝트는 팀으로 진행되는 경우가 많아서 학생들이 서로 다른 배경과 생각을 가진 친구들과 협력해서 문제를 해결하는 방법을 배우게 됩니다. 서로의 아이디어를 나누고 조율하며 더 나은 해결책을 함께 찾아가는 과정에서 소통 능력과 협업 능력이 향상되고, 이는 실제 사회에서 문제를 해결하는 데 아주 중요한 기술이 됩니다.

마지막으로 융합 교육은 교사가 일방적으로 지식을 전달하기보다는 학생들이 스스로 문제를 정의하고, 필요한 정보를 탐색하고, 해결 과정을 계획하고 실행하도록 이끄는 경우가 많은데 이 과정에서 학생들은 문제 해결에 대한 자신감을 얻고, 스스로 학습하는 능력(자기 주도 학습 능력)을 기르게 됩니다. 이처럼 융합 교육은 배운 지식을 활용하여 실제 생활의 복잡한 문제들을 효과적으로 해결할 수 있는 '융합적 문제 해결 능력'을 길러주는 것이 중요합니다.

기억해 주세요.
융합교육은 미래 사회에서
꼭 필요한 핵심 역량입니다.

함께
하라

나도 소중하고 너도 소중하고
우리 모두 소중해
더불어
너랑 함께 우리 모두 같이

　단체생활에서 가장 중요한 것은 예절과 배려입니다. 나도 소중하지만, 친구도 소중하다는 것을 알고 서로 예의를 지키며 배려한다면 친구와의 관계는 문제가 되지 않을 것입니다.
　요즘 각 가정에서 아이가 너무나 귀한 존재로 자라다보니 아이 스스로 자신을 가장 소중한 사람으로 생각해 자기중심적인 생각과 행동으로 단체생활에 어려움을 주는 경우가 종종 있습니다.
　친구한테 조금이라도 마음이 상하면 바로 부모는 아이한테 이야기해 줍니다.

"그 애랑 놀지 마!", 또는 담임교사한테 전화해서 "그 친구랑 놀지 않게 해 주세요." 또는 "다른 반으로 옮겨(보내) 주세요."라고 하는 부모가 있습니다.

좋은 부모라면 어떻게 하는 것이 아이에게 도움이 될까요?

아이는 자랄 것이고 계속 다른 사람과 관계를 맺으며 성장하게 됩니다. 그럴 때마다 단절시키는 것이 맞을까요? 언제까지 부모가 보호해 줄 수 있을까요?

커서도 아이가 부모의 간섭을 원할까요?

아이는 앞으로 혼자서 독립적으로 살아가야 하는 한 인격체입니다. 다만, 지금은 아직 어리기에 부모의 보호를 받는 것일 뿐 아이의 독립을 위해 올바른 방법으로 아이를 교육해서 바른길로 방향을 잡아줘야 합니다. 그래서 부모는 아이의 미래를 위해 지금 단계에서 가르쳐야 하는 것이 무엇일까를 신중하게 생각해야 합니다. 인간은 더불어 사는 사회 속의 일원입니다. 나와 다른 여러 사람들과 함께 어우러져 즐겁고 행복하게 살아가야 하는 것입니다.

그러면 갈등이 생길 때 어떤 방법으로 현명하게 대처할 수 있도록 교육해야 할까요?

유치원이나 학교에서 자연스럽게 배울 수 있도록 선생님과 소통하면서 아이를 격려하고 지지해 주면서 가정에서 교육을 병행해야 하는데 친구들과 함께 팀 게임이나 협동프로젝트 또는 그룹 활동 하는 것 등은 이 모든 과정을 통해 아이들이 많은 것들을 배우며 경험하게 됩니다.

친구들과 함께한다는 것은, 가장 중요한 사회성 발달을 의미합니다. 그룹으로 놀고 활동하면서 아이들은 자연스럽게 친구와 가까워지게 되며 사이좋게 지내는 방법을 배우기 때문입니다. 나누고 기다리기(예, 장난감이나 만들기 재료를 친구와 함께 쓰면서 나누는 법, 내 차례가 올 때까지 기다리는 법)를 알게 되고, 협력하고 규칙 지키기(다 같이 블록으로 무언가를 만들거나 게임을 할 때, 서로 역할을 나누고 정해진 규칙을 지키면서 목표를 달성하는 경험….) 등 협력하는 과정에서 즐거움과 성취감을 알게 되고 친구와 함께 웃고 활동하면서 자연스럽게 친밀감을 느끼고 긍정적인 또래 관계를 형성하게 됩니다.

그리고 친구들과 함께 활동하면서 자신의 생각이나 느낌을 말로 표현하고, 다른 친구의 이야기를 주의 깊게 듣는 연습을 하면서 서로의 아이디어를 주고받고, 의견 차이를 조율하는 과정을 통해 자연스럽게 의사소통 기술이 발달하기도 합니다.

그룹 활동 중에는 예상치 못한 문제 상황이 생기기도 하는데 예를 들어, 블록이 부족하거나 모두가 원하는 역할을 할 수 없을 때, 아이들은 친구들과 함께 머리를 맞대고 문제를 해결하는 방법을 찾으려고 노력하며 서로 다른 아이디어를 들어보고 가장 좋은 방법을 선택하는 과정을 통해 자연스럽게 문제 해결 능력이 키울 수 있습니다.

친구들과 함께 기뻐하고, 속상해하기도 하면서 다양한 감정을 경험하기도 하는데 이 과정에서 자신의 감정을 이해하고 표현하는 법, 친구의 감정에 공감하고 배려하는 법(감정 이입, 정서지능)을 배우게 되며, 갈등 상황을 겪으면서 좌절감을 조절하고 타협하는 방법도 배우게 되고, 친구들과 함께 활동하면서 새로운 지식이나 기술을 배우며 친구가 하는 것을 보고 따라 하거나 친구의 설명을 들으면서 이해의 폭을 넓히고 다른 친구의 다양한 생각이나 문제 해결 방식을 접하면서 사고력이 확장되기도 합니다.

뿐만 아니라 그룹 활동은 아이들이 혼자 놀 때와는 또 다른 방식으로, 친구들과 함께 활동하면서 사회적인 기술들을 배우고 사회성을 발달시킵니다.

그룹 활동은 아이들이 친구들과 함께 시간을 보내고 소통할 수 있는 가장 기본적인 기회를 제공해 함께 블록을 쌓거나, 협동작업을 하거나, 그림을 그리는 과정에서 자연스럽게 서로의 존재를 인식하고 함께 무언가를 해나가는 경험을 하게 되는데 이런 상호작용 자체가 사회성 발달의 시작이라고 할 수 있습니다.

그룹 활동 중에는 재료를 함께 사용해야 하거나, 순서를 기다려야 하는 상황이 생기도 하는데 이때 아이들은 자신의 욕구를 잠시 참고 친구를 배려하는 법, 그리고 모두가 함께 즐겁게 활동하기 위해 정해진 규칙을 지키는 법을 배우게 되며 이러한 경험들이 쌓여 사회 질서를 이해하고 공동체 안에서 더불어 살아가는 기초를 다지게 됩니다.

아이들은 '나는 이게 하고 싶어', '이렇게 하면 더 재밌을 것 같아'처럼 자신의 생각이나 아이디어를 말로 표현하는 연습을 하고 동시에 다른 친구가 이야기하는 것을 들어주고 이해하려고 노력하면서 경청하는 태도도 기르게 되고 서로 소통하는 과정에서 자연스럽게 언어적, 비언어적 의사소통 능력이 발달하게 됩니다.

함께 큰 블록 성을 만든다거나, 다 같이 특정 게임을 한다거나 하는 협동 활동을 통해 아이들은 혼자서는 할 수 없는 일을 친구들과 힘을 합쳐 성공시키는 경험을 하게 되고 이 과정에서 서로 돕고 격려하는 법을 배우고, 공동의 성취감을 느끼면서 협동심과 공동체 의식이 길러집니다.

친구가 넘어졌을 때도 함께 걱정해주거나, 친구의 좋은 일에 같이 기뻐해주는 등 그룹 활동 속에서 아이들은 다양한 감정을 경험하고 표현하며 다른 친구가 어떤 감정을 느끼는지 관찰하고 그 감정에 공감하려고 노력하면서 자연스럽게 정서지능과 배려심이 발달하게 되며, 여러 명이 함께하다 보면 당연히 의견 충돌이나 갈등 상황이 생기기도 하는데 이때 아이들은 갈등을 피하기보다는 자신의 주장을 이야기하고 친구의 이야기도 들으면서 서로에게 유리한 방향으로 타협점을 찾아가는 방법을 배우게 됩니다. 이는 문제를 회피하지 않고 해결하려는 태도와 중요한 사회적 기술이라고 볼 수 있습니다. 이렇게 역할극, 협동 게임, 집단 전통놀이 등 다양한 그룹 활동은 아이들이 친구들과의 긍정적인 상호작용 속에서 자연스럽게 사회성을 기르고, 앞으로 학교생활이나 사회생활에서 필요한 대인관계 기술의 기초를 튼튼하게 다질 수 있도록 돕게 됩니다.

그러나 유치원과 초등학교에서 하는 협력 활동은 둘 다 친구들과 함께하는 활동이라는 점은 같지만, 아이들의 나이와 발달단계가 다르기 때문에 활동 내용이나 목표, 선생님의 역할 등에 차이가 있는데, 핵심적인 차이는 아이들의 발달 수준과 그에 맞는 교육 목표가 있습니다.

교육목표에서 보면, 유치원에서의 그룹 활동은 가장 기본적인 사회적 기술을 배우는 것으로 예를 들면, 장난감이나 재료 나누기, 친구의 차례 기다리기, 함께 모여서 활동하기, 선생님이나 친구의 말 듣기 같은 아주 기초적인 규칙과 태도를 익히는 것이 중요하고 '함께 하는 즐거움'을 느끼고 또래와 긍정적인 상호작용을 시작하는 데 의미가 큰 반면, 초등학교에서는 유치원에서 배운 기본적인 사회적 기술을 바탕으로, 좀 더 구체적인 학습 목표나 과제 해결을 위해 협력하는 데 중점을 두고 함께 프로젝트를 완성하거나, 어려운 문제를 같이 풀거나, 특정 주제에 대해 조사해서 발표하는 등, 협력을 통해 학업적인 성과를 내는 경험을 하게 됩니다.

활동 내용은, 유치원은 놀이 중심의 단순하고 구체적인 활동이 많고 블록 함께 쌓기, 소꿉놀이 역할 분담, 간단한 규칙의 게임 함께 하기 등 활동 자체가 복잡하지 않고 눈에 보이는 결과에 집중하는 경우가 많은 반면, 초등학교에서는 학년이 올라갈수록 과제의 복잡성이 커지고 팀별로 보고서를 작성하거나, 실험을 계획하고 수행하거나, 토론을 준비하는 등 더 추상적이고 여러 단계를 거쳐야 하는 활동들이 주를 이루며 서로 역할을 분담하고 각자 맡은 부분을 책임감 있게 해내는 것이 중요합니다.

선생님의 역할에서는 유치원은 선생님의 개입이 비교적 잦고 직접적이고 아이들 사이에서 갈등이 생겼을 때 중재해 주거나, 협력하는 방법을 직접 보여주고 이끌어주는 등 안내자 및 조력자 역할이 강하며 아이들이 규칙을 잘 지키고 안전하게 활동하는지 꼼꼼하게 살피는 반면, 초등학교 선생님은 학생들이 스스로 협력하고 문제를 해결하도록 기회를 제공하고, 필요할 때 조언이나 피드백을 주는 촉진자의 역할로 바뀌게 됩니다. 물론 저학년 때는 유치원과 비슷하기도 하지만, 점차 학생들이 스스로 그룹 내 규칙을 정하고 갈등을 해결하도록 지켜봐 주고 돕는 역할이 커집니다.

아이들의 이해 수준은 유치원의 경우 협력의 개념을 '함께 놀고 나누는 것'처럼 구체적이고 눈에 보이는 행동으로 이해하는 경향이 있고, 초등학교는 협력의 개념을 '서로의 아이디어를 존중하고, 역할을 분담하여 공동의 목표를 달성하는 것'처럼 좀 더 추상적이고 과정적인 측면까지 이해할 수 있게 됩니다.

즉, 유치원에서는 협력 활동을 통해 기본적인 사회적 관계 맺기와 규칙 배우기에 집중하고, 초등학교에서는 그 기초 위에 학업 목표 달성 및 복잡한 문제 해결을 위한 협력 능력을 길러나간다고 할 수 있는데 이는 두 시기 모두 아이들이 더불어 사는 방법을 배우는 중요한 과정이라 할 수 있습니다.

내 아이를 따뜻한 시선으로 바라보듯
내 아이의 친구도 따뜻하게 바라봐 주세요.

내 아이와 내 아이의 친구는
모두 우리의 아이입니다.

향상
업그레이드(up-grade) 하라

우리는 생각합니다.
어제보다 오늘 더 잘하고
오늘보다 내일은 더 잘하겠지?

그러나 가만히 있어도 잘하거나 나아지는 것은 아니에요.

스스로 노력하는 만큼 자라고
스스로 도전하고 기대하는 만큼 잘하게 됩니다.

우리는 항상 잘하고 싶고 칭찬받기를 원합니다.
 그래서 아이들은 늘 지금보다 더 잘하기를 원하고, 잘해내기 위해서 늘 노력하면서 칭찬을 기다립니다. 잘 한다는 것, 스스로가 조금씩 발전해 간다는 것….
 일반적으로 '업그레이드'는 기존의 것을 더 나은 상태로 '개선'하거나 '향상'시키는 것을 의미합니다. 우리가 살아가면서 '업그레이드'하면 보통 컴퓨터나 스마트폰을 생각하지만, 우리 삶에도 이런 '업그레이드'가 정말 중요합니다. 여기서 말하는 업그레이드는 결국 스스로를 더 나은 상태로 만들고 계속해서 성장하고 발전하는 것을 뜻합니다.

우리가 살아가면서 업그레이드가 필요한 주된 이유는 세상이 끊임없이 변하기 때문입니다.

우리가 사는 세상은 정말 빠르게 변하고 있으며, 새로운 기술이 계속 나오고 사회 시스템도 달라지며 사람들의 생각도 계속 바뀌고 있습니다. 이렇게 변화하는 세상에 발을 맞추려면 우리도 새로운 지식을 배우고, 필요한 기술을 익히며 생각하는 방식도 발전시켜야 합니다.

가끔 우리는 새로운 문제와 도전을 마주할 때가 있습니다.

살다 보면 예상치 못한 문제나 새로운 도전에 부딪히게 되고, 이런 문제들을 해결하고 도전을 성공적으로 해내려면 우리가 가진 능력이나 지식만으로는 부족할 때가 많아서 새로운 지혜와 힘이 필요하게 되고 이를 위해 우리는 끊임없이 자신을 업그레이드하면서 발전시켜 나갑니다.

우리는 누구나 성장하고 싶고, 자신의 잠재력을 최대한 발휘하고 싶어 하는 마음이 있어서 지금보다 더 능력 있는 사람, 더 지혜로운 사람, 더 행복한 사람이 되고 싶어 합니다. 이런 바람을 이루기 위해서는 꾸준히 배우고 노력하면서 스스로를 계속해서 업그레이드해야 하는 것입니다.

삶의 만족도와 행복지수를 높이기 위해서도 우리는 새로운 것을 배우고 익히면서 더 많은 기회를 얻고 세상을 더 넓게 이해하고, 문제를 해결하는 능력이 생기면 삶이 더 편안해지고 스스로 발전하는 모습을 보면서 만족감과 행복을 느낄 수 있습니다. 그래서 업그레이드는 단순히 능력만 좋아지는 것이 아니라 우리의 삶 자체를 더 풍요롭고 만족스럽게 만드는 과정이라고 할 수 있습니다. 그러나 현재에 안주하거나 도전을 회피하면 성장하지 못하고 오히려 뒤처지기 쉽고 세상은 계속 앞으로 나아가는데 자신만 제자리에 멈춰 있다면 상대적으로 자신은 뒤떨어지게 되고 사회생활에 문제가 될 수 있기 때문에 지속적인 성장과 발전을 위해서라도 항상 스스로를 업그레이드하는 것이 매우 중요합니다. 즉, 우리가 살아가면서 업그레이드를 해야 하는 이유는 변화하는 세상에 잘 적응하고, 새로운 문제들을 해결하며, 더 나은 나 자신이 되어 궁극적으로 더 만족스럽고 행복한 삶을 살기 위해서이고, 이를 위해 꾸준히 배우고 노력하는 '자기계발'이 바로 우리 삶의 중요한 업그레이드 과정인 것입니다.

그럼, 자기계발은 어떻게 해야 될까요?

자기계발은 단순히 능력을 키우는 것을 넘어서서 우리 삶 곳곳에 긍정적인 영향을 주는데, 마치 게임 캐릭터가 레벨 업 하면 능력치가 오르고 새로운 스킬을 얻는 것처럼 자기계발은 우리 일상에 긍정적이고 좋은 변화들을 가져옵니다. 새로운 것을 배우고 목표를 달성해나가면서 '나도 할 수 있구나' 하는 자신감이 생기고, 몰랐던 내 재능이나 관심사를 발견하면서 노력으로 발전하는 자신의 모습을 보면서 스스로에게 만족감을 느끼게 됩니다.

다양한 분야의 지식을 배우거나 새로운 경험을 하면서 세상을 바라보는 관점이 넓어지고 나와 다른 생각을 가진 사람들과 교류하면서 사고방식도 더 유연해지고, 전에 보지 못했던 새로운 가능성들을 발견하게 되며 새로운 지식이나 기술을 익히고 다양한 경

힘을 하다 보면, 예상치 못한 문제를 만났을 때 당황하지 않고 해결 방법을 찾을 수 있는 힘이 길러져 여러 관점에서 문제를 바라보고 창의적인 해결책을 떠올리는 능력이 향상됩니다.

이 외에도 새로운 취미나 활동을 통해 비슷한 관심사를 가진 사람들을 만나면서 좋은 친구나 동료를 사귈 기회가 많아지고 이렇게 형성된 관계들은 힘들 때 서로 의지하고 격려해주는 든든한 사회적 지지망이 되어 스스로 성장하고 발전하는 과정 자체가 삶에 활력을 불어넣고, 긍정적인 에너지로 문제를 해결하는 능력이 생기면서 스트레스를 덜 받고 자신이 원하는 일을 찾아 전문성 있게 더 행복한 삶을 살 수 있습니다. 또한 하고 싶은 것에 도전하고 스스로를 발전시키기 위해 노력했다면, 나중에 뒤돌아봤을 때 '그때 해볼 걸…' 하는 후회가 줄어들고 성장을 위해 시도했던 과정 자체가 소중한 자산이 됩니다. 그래서 자기계발은 우리 일상에 활력을 불어넣고, 관계를 풍요롭게 만들고, 어려움을 헤쳐 나갈 힘을 길러주며, 최종적으로는 삶에 대한 만족도와 행복감을 높여주는 아주 중요한 과정이라고 할 수 있습니다.

이렇게 '스스로를 더 나은 방향으로 발전시키는 노력'의 자기계발은 학교 공부에도 많은 도움이 됩니다. 자기계발을 꾸준히 하는 사람들은 보통 스스로 목표를 정하고, 계획을 세우고, 실천하는 습관이 잘 되어 있어서(자기 주도 학습 능력) 학업 성취에 중요한 역할을 하게 되고 스스로 공부 계획을 세우고 진도를 조절하면서 효율적으로 학습할 수 있게 됩니다.

자기계발을 통해 자신이 무엇을 좋아하고 잘하는지 알게 되면서 학습에 대한 흥미와 동기가 자연스럽게 생기게 되고, 공부해야 하는 이유를 스스로 찾게 되면서 더 집중해서 학습할 수 있게 됩니다.

또 하나, 자기계발을 통해 스스로 성장하고 있다는 느낌을 받을 때 자신감이 높아지고, 자신감이 높은 학생은 새로운 학습에 도전하는 것을 두려워하지 않고, 어려운 문제도 끈기 있게 해낼 수 있는 가능성이 커져 학업 성취에도 좋은 영향을 미치게 됩니다. 특히 독서나 학습처럼 직접적으로 지식을 쌓는 자기계발 활동은 말할 것도 없고, 운동이나 건강관리처럼 체력을 기르는 자기계발도 공부할 때 필요한 집중력과 지구력을 높여주니 학업에 간접적으로 좋은 영향을 준다고 볼 수 있습니다.

즉, 학교생활에서의 자기계발은 단순히 '공부 외 활동'이 아니라, 스스로 학습하고 성장하는 데 필요한 기초 체력과 마음가짐을 길러주면서 궁극적으로 학업 성취도를 높이는 데 아주 큰 도움이 될 수 있습니다.

요즘 학교는 물론 직장인들도 AI 활용을 많이 하고 있는데 이는 주어진 데이터를 바탕으로 빠르고 효율적으로 분석하고 작업을 수행하는 데 뛰어나지만, 창의성, 비판적 사고, 윤리적 판단, 공감 능력처럼 복잡한 인간적인 능력은 AI가 완벽하게 대체하기 어려워 AI 시대에는 인간 고유의 능력이 더 중요하다는 것이 부각되며 자기계발을 통해 이런 부분들을 집중적으로 키워야 한다고 주장하는 학자들이 많습니다. AI를 '활용'하고 '해석'하는 능력이 좋고 AI가 똑똑해진다고 해서 우리가 생각하는 것을 멈춰서는 안 됩니다. AI를 도구로 삼아 더 효율적으로 일하고, 새로운 것을 창조하기 위해서는 AI 기술을 이해하고 다루는 능력, 그리고 AI가 만들어낸 결과를 제대로 판단하고 해석하는 능력이 필요하고 자기계발을 통해 이런 'AI 리터러시(AI를 이해하고 활용하는 능력)'를 길러야 합니다. AI는 일부 직업의 모습을 바꾸거나 사라지게 만들 수도 있지만 동시에 AI 관련 새로운 직업이나 업무 방식도 생겨나고 있으며 이런 변화에 유연하게 대처하고 살아남으려면, 기존의 능력에 더해 AI와 관련된 새로운 기술이나 지식을 꾸준히 배우고 익히는 자기계발이 필수적입니다.

중요한 것은 AI는 강력한 도구이지만 그 도구를 어떻게 사용할지는 결국 사람이기 때문에 인공지능 시대의 자기계발은 AI에게 대체되지 않는 '나만의 경쟁력'을 만들고, AI를 제대로 이해하고 활용하며, 넘쳐나는 정보 속에서 중심을 잡고, 끊임없이 변화하는 세상에 유연하게 적응하면서 더 나은 삶을 살기 위해 꼭 필요한 것입니다.

이처럼 자기계발을 통한 업그레이드는 자신이 능동적으로 변화하고 발전하기 위해 노력하는 것을 의미하며 어떤 분야에서 어떻게 발전할지 스스로 결정하고 계획하고 명확한 목표나 비전을 가지고 업그레이드를 시도해야 합니다. 무엇을 배우고, 어떤 능력을 키울지 목적이 분명하고 새로운 지식이나 정보를 습득하기 위해 자료를 찾아보거나, 책을 읽거나, 연습하는 등 적극적으로 행동하며 자신의 노력으로 변화와 성장을 이루면서 큰 만족감과 성취감을 느낄 수 있고, 또한 자신의 발전 과정을 스스로 통제하고 조절할 수 있는데, 예를 들어 새로운 언어를 배우기로 결심하고 꾸준히 학습하는 것, 관심 있는 분야의 전문성을 키우기 위해 깊이 있는 공부를 시작하는 것, 더 건강해지기 위해 운동 습관을 만드는 것 등이 그렇습니다.

반면 수동적인 업그레이드는 외부 환경이나 상황에 의해 변화가 강요되거나, 어쩔 수 없이 그 변화에 맞춰가야 하는 것을 의미하고 변화의 원인이 '나' 자신이 아닌 외부 환경(기술 발전, 직업 요구,

사회적 변화 등)으로 변화하지 않으면 도태되거나 어려움을 겪게 되기 때문에 마지못해 따라가는 경우가 많습니다. 스스로 계획하기보다 주어진 상황에 반응하며 변화에 대한 통제력이 부족하다고 느껴져 부담감이나 불안감을 느낄 수 있으며 변화 자체를 주도하기보다는 이미 일어난 변화에 적응하는 데 초점이 맞춰집니다. 예를 들어 직장에서 새로운 기술 도입으로 인해 원치 않더라도 그 기술을 배워야 하는 경우, 빠르게 변화하는 사회에 적응하기 위해 새로운 방식을 따라야 하는 경우 등이 그렇습니다.

즉 '내가 업그레이드할 것인가'는 삶을 주도적으로 살아가며 자신의 가능성을 스스로 열어가는 태도이고, '업그레이드를 당할 것인가'는 외부 변화에 끌려가듯 반응하며 적응하는 태도라고 볼 수 있습니다.

물론 우리는 외부 변화에서 완전히 자유로울 수는 없지만, 외부 변화 속에서도 '어떻게 반응하고 배워나갈 것인가'는 충분히 생각하고 스스로 선택하며 세상의 변화에 발맞춰 업그레이드는 계속되어야 할 것입니다.

유치원에서, 학교에서, 사회생활에서….

자연을
가까이 해라

"선생님, 개미가 먹이를 물고 어디를 가고 있어요."
"어! 매미가 허물을 벗었나 봐요."
"와, 나비와 나방은 앉았을 때 날개가 다르대요."
"까치다~!" "비가 오니까 지렁이가 나왔어요."

  자연은 우리의 삶과 뗄 수 없는 소중한 환경이며, 정신 건강에 아주 긍정적인 영향을 줍니다.
  자연이 우리의 건강에 도움을 주는 이유는 스트레스를 감소시키고, 긍정적인 감정을 증가시키며 자연과의 교감을 통한 심리적 변화와 자신을 더 자연스럽게 받아들이는 것과 자연에서 얻는 이야기와 교훈, 힘든 시간을 이겨낼 용기와 자연 속에서 잠시 시간을 보내면서 에너지를 충전하는 것, 특히 숲이 주는 심리적, 신체적 치유를 들 수 있습니다. 예를 들어, 겨울이 지나면 봄이 온다는 자연의 섭리는 힘든 시간을 견디는 우리에게 희망의 메시지가 될 수 있는 것처럼….

산림청에서는 한 인간의 탄생부터 죽음까지 산림서비스를 제공하고 있는데, 특히 유아 숲 체험활동은 성장기 교육에서 중요한 사업의 일환으로 숲 체험원이나 숲 지도사를 통해 숲교육 서비스를 제공하고 있습니다. 최근에는 초등학교 맞벌이 가정을 위한 늘봄학교(방과후 활동)가 생기면서 숲 교육이 더욱 확산되어 학부모들로부터 관심을 모았는데 아이들이 자연과 함께하며 숲 활동을 통해 정서적 안정과 건강 그리고 학습효과가 좋다는 이유로 이는 산림청에서 연구한 자료와 교육 전문가들의 연구논문에서 숲교육 효과가 알려졌기 때문이었습니다.

우리는 왜 자연과 함께해야 할까요?

우리는 모두가 자연에서 와서 자연으로 돌아가는 자연환경의 일부분이고 자연과 더불어 살아가야 건강한 생활을 할 수 있기 때문입니다. 그래서 새 생명을 위한 숲 태교, 숲교육(활동), 숲치유 등 숲과 함께하며 자연과 가까이하는 것은 우리 삶에서 매우 중요한 부분입니다.

그러나 디지털 시대 도시환경에 있는 아이들에게는 숲을 만나기란 쉽지 않습니다. 농촌의 경우 밖에 나가면 바로 자연이지만 도심에서는 전체 사방의 모든 환경이 콘크리트로 되어 있어 흙을 밟아보거나 자연을 접할 수 없기 때문에 아이들과 함께 공원이나 숲에서 보내는 시간이 꼭 필요한 것입니다.

그렇다면 가장 중요한 결정적 시기인 유아기에 자연을 자주 접하는 것이 아이들의 여러 발달 영역에 어떻게 긍정적인 영향을 주고 있는지 알아보겠습니다.

첫째, 신체 발달 및 건강 증진 - 자연은 넓고 예측 불가능한 놀이터로서 흙 위를 걷고, 언덕을 오르내리고, 나뭇가지를 줍거나 돌멩이를 던지는 등 다양한 움직임을 경험하면서 대근육과 소 근육이 골고루 발달하고, 바깥에서 햇볕을 쬐면 비타민D 합성에 도움이 되며, 신선한 공기를 마시고 자연 속 다양한 미생물에 노출되면서 면역력도 튼튼해진다고 합니다.

오감 발달 촉진 - 자연은 풍부한 감각 경험을 제공해주고 나뭇잎의 까슬까슬한 느낌, 흙의 축축함, 꽃향기, 새소리, 바람 소리, 울긋불긋한 자연의 색깔 등 다양한 감각을 느끼고 탐색하면서 오감이 균형 있게 발달하는데 이는 나중에 학습 능력 발달에도 중요한 기초가 되기도 합니다.

인지 능력 및 창의성 향상 - 자연은 아이들에게 끝없는 호기심과 탐구심을 자극하고 개미는 어디로 갈까? 나뭇가지로 무엇을 만들 수 있을까? 나뭇잎은 왜 떨어질까? 스스로 질문을 던지고 답을 찾아가는 과정에서 자연스럽게 문제 해결 능력이 길러집니다. 예측 불가능하고 변화무쌍한 자연환경은 아이들의 상상력과 창의력을 자극하는 데도 도움이 됩니다.

정서적 안정 및 행복감 증진 - 자연 속에 있는 것만으로도 아이들은 편안함과 안정감을 느끼고 스트레스나 불안감을 해소하는 데 도움이 되며 아름다운 자연을 보면서 긍정적인 정서를 기를 수 있습니다. 이때 자연 속에서 자유롭게 뛰어놀면서 에너지를 발산하고 즐거움을 느끼는 것도 중요합니다.

사회성 발달 및 관계 형성 - 자연 공간은 친구들과 함께 어울려 놀기 좋은 장소이며 함께 탐험하고, 협력해서 무언가를 만들거나, 서로의 발견을 공유하는 과정에서 자연스럽게 사회성이 길러지고 긍정적인 또래 관계를 형성하게 됩니다.

환경 감수성 및 존중하는 마음 기르기 - 어릴 때부터 자연을 가까이하며 자연의 아름다움과 소중함을 느끼면, 나중에 자연을 아끼고 보호해야겠다는 마음이 자연스럽게 생기고 생명 존중 의식도 함께 기를 수 있습니다.

즉, 유아기에 자연을 자주 접하는 것은 아이들의 신체, 인지, 정서, 사회성, 감각 발달 등 전반적인 성장에 필수적인 밑거름이 됩니다. 자연은 아이들에게 가장 훌륭한 놀이터이자 배움터이고 바깥 활동이 줄어드는 요즘 의식적으로라도 아이들이 자연을 충분히 경험할 수 있도록 기회를 마련해주는 것이 꼭 필요합니다. 이처럼 자연은 그 자체로 훌륭한 배움터라서, 아이들에게 많은 것을 가르쳐 줄 수 있고 교실이나 책상에 앉아서 배우는 것과는 또 다른 깊이 있는 배움이 있습니다.

그렇다면 자연을 교육적으로 접할 수 있는 방법들은 무엇이 있을까요?

직접 바깥으로 나가 오감으로 자연 느껴보세요. 숲, 공원, 강가, 심지어 학교 운동장에 있는 작은 나무나 화단이라도 좋고 직접 나가서 눈으로 자연의 색깔과 모양을 보고, 귀로 새소리나 바람 소리를 듣고, 코로 풀이나 흙냄새를 맡고, 손으로 나뭇잎이나 돌멩이의 촉감을 느껴봅니다. 자연의 다양한 소리를 들어보고 소리 지도 만들기 같은 활동이나 오감을 통해 자연을 온전히 경험하는 것만큼 강력한 교육은 없을 것입니다.

다음은 자연물을 활용하여 미술 관련 활동을 해 보세요. 주변에서 주운 나뭇잎, 솔방울, 돌멩이, 나뭇가지 등을 이용해 그림을 그리거나 만들기 작품을 만들어 보고 자연물을 물감처럼 사용하거나, 자연물 자체를 조합해서 새로운 형태를 만들면서 창의력을 기르고 자연의 아름다움을 다르게 표현하는 방법, 자연물을 관찰하고 특징을 이야기 나누는 것도 교육적으로 좋습니다. 관련 활동으로 텃밭 가꾸기 또는 식물 키우기도 활용하면 좋은데, 집 베란다에 작은 텃밭이나 화분을 만들어 씨앗을 심고 물을 주며 식물이 자라는 과정을 관찰하며 씨앗에서 싹이 트고 잎이 나고 자라는 과정을 직접 보면서 생명이 자라기 위해 물, 햇빛, 흙이 얼마나 중요한지 배우고(식물의 한살이, 자연의 소중함), 우리가 먹는 채소나 과일이 어떻게 자라는지 알며(음식 재료의 생산 과정) 식물을 돌보는 과정에서 자연에 대한 책임감도 기를 수 있습니다.

자연 관찰 및 탐구활동은 돋보기로 개미나 작은 벌레를 자세히 살펴보거나, 나뭇잎의 변화 과정을 기록해 보거나, 새의 종류를 관찰하고 기록하는 등 특정 자연 현상이나 생물을 깊이 탐구하는 활동으로 궁금한 점을 스스로 질문하고 답을 찾아가는 과정에서 탐구 능력과 과학적 사고력을 기를 수 있습니다. 숲이나 공원에서 '빨간 나뭇잎 찾기', '뾰족한 돌멩이 찾기', '작은 벌레 관찰하기'처럼 특정 자연물을 찾아보는 보물찾기 놀이를 하거나 찾은 자연물들을 크기, 색깔, 모양별로 분류해보는 것도 재미있는 활동이 되며 나뭇가지, 흙으로 집·성 만들기 (생태 건축 놀이) 놀이는 숲이나 공터에서 주운 나뭇가지, 나뭇잎, 흙, 돌멩이 등을 이용해 작은 동물 친구들을 위한 집을 만들어주거나 상상 속의 성을 쌓아볼 수도 있습니다.

이렇게 우리는 자연을 통해 많은 것을 배우고 도움을 받습니다. 우리가 자연을 지속적으로 이용하려면 아이와 함께 자연을 보호하고 지키는 활동이 필요합니다. 이를 위해 환경 보호 및 생태계 이해 교육으로 쓰레기 줍기 캠페인에 참여하거나, 재활용 방법을 배우고 실천하거나, 동식물이 살아가는 서식지에 대해 배우는 활동을 통해 우리가 자연을 어떻게 보호해야 하고, 자연이 우리 삶에 얼마나 소중한지 깨달을 수 있습니다.

공원이나 산책로를 걸으면서 눈에 띄는 쓰레기를 찾아 안전하게 줍는 게임을 해 보며 누가 더 많은 쓰레기를 줍는지 내기를 하거나, 쓰레기를 분리수거 통에 올바르게 넣어보는 활동을 할 수 있습니다. (반드시 안전 장갑 등을 끼고 어른의 지도하에 하기) 그리고 왜 쓰레기를 함부로 버리면 안 되는지, 쓰레기가 자연을 오염시키고 동물들에게 해를 끼칠 수 있다는 것을 직접 경험하면서 배우면서 환경을 깨끗하게 유지하는 것의 중요성과 분리수거의 필요성을 자연스럽게 익힐 수 있습니다. 이 외에도 만들기 활동으로 집을 만들면서 자연 재료의 특징을 탐색하고(과학·공학), 어떤 재료가 튼튼한지 실험해보고 작은 곤충들이 흙이나 나무 아래 숨어 산다는 것을 알려주면서 다양한 생명체가 자연 속에서 어떻게 살아가는지 배우고(생태계 이해), 우리가 자연에서 얻은 재료를 다시 자연으로 돌려보내는 것(순환)의 중요성도 이야기 나누며 '생태계'가 자연의 모든 것이 서로 연결되어 있다는 것을 알 수 있게 됩니다.

자연과 함께하며 자연에서 영감을 얻어 이야기 만들거나 표현하는 방법도 있는데 숲속에서 만난 동물이나 식물을 소재로 상상의 이야기를 만들거나, 자연 속에서 느낀 감정을 그림, 글, 노래 등으로 자유롭게 표현하는 활동으로 무한한 상상력의 원천이 됩니다.

자연에서 주운 나뭇잎, 꽃잎, 씨앗 등으로 그림을 꾸미거나, 흙으로 그림을 그리거나, 나뭇가지로 모빌을 만드는 등 예술 활동을 하고, 환경 교육은 자연물의 아름다움과 독특함을 느끼면서 자연을 사랑하는 마음을 기르고(환경 감수성), 버려지는 자연물을 이용해 새로운 것을 만들면서 재활용이나 자원 순환의 개념을 자연스럽게 접할 수 있으며 자연물의 색깔이나 모양이 왜 그렇게 생겼는지 이야기 나누면서 과학적 지식도 함께 배울 수 있게 됩니다.

또한 계절의 변화를 느끼고 표현하는 것은 봄에는 새싹이 돋고 꽃이 피고, 여름에는 푸르러지고, 가을에는 단풍이 들고 열매를 맺고, 겨울에는 눈이 오고 고요해지는 등 자연의 계절 변화를 직접 느끼고 관찰하는 활동으로 계절마다 달라지는 자연의 모습과 그 의미에 대해 이야기 나누고 그림이나 사진으로 표현해보며 자연이 주는 교훈과 자연의 섭리를 깨닫는 좋은 활동이 됩니다.

이런 다양한 방법들을 통해 우리는 자연을 단순히 배경으로 보는 것이 아니라, 살아 숨 쉬는 배움의 공간으로 느끼고 경험하면서 자연과 더불어 사는 지혜를 배울 수 있고 교실 안에서의 학습을 넘어 실제 세상과 연결되는 귀한 경험이 될 수 있습니다. 이렇게 아이의 성장과정에서 자연과 많이 접하며 자란 아이들은 넓은 공간에서 자유롭게 움직이며 신체 발달이 고르고, 오감이 풍부하게 자극되며, 예측 불가능한 환경에서 스스로 문제를 해결하고 상상력을 발휘하는 능력이 잘 발달하는 경향을 보이고 자연과의 친밀한 관계를 통해 정서적인 안정감과 환경 감수성도 높습니다.

물론 도시에서 주로 자란 아이들의 장점도 있습니다.

체계적인 학습 기회가 많고 다양한 정보와 미디어에 쉽게 접근하며 정보 처리 능력이 발달할 수 있으며 또래와의 규칙적인 상호작용을 통해 사회적 기술을 배우기도 합니다. 자연과 도시, 어떤 환경이 '더 좋다'고 단정할 수는 없습니다. 그러나 두 환경 모두 장단점이 있고, 아이의 성장에 다양한 영향을 미치기 때문에 이상적으로는 자연에서의 자유로운 경험과 도시에서의 체계적인 학습 기회가 균형 있게 주어진다면 아이의 전인적인 성장에 가장 바람직하다고 볼 수 있을 것입니다.

아이들과 숲 활동과 농장 활동을 해온지 10년, 아이들의 성장과정에서 유아기까지 충분하게 자연과 접할 기회가 제공되면 집중력, 논리력, 창의력, 인지적 욕구 등 학교생활이나 사회생활의 필요한 요소를 기본적으로 갖추는 데 많은 도움이 된다는 것을 알게 되었습니다.

그래서 연간 1모작, 2모작 농장활동으로 생태교육 활동과 매주 숲에서의 활동을 꾸준히 하는 자연친화 교육은 아이들과 학부모 모두 즐겁게 참여하고 지지를 받으며 재미있게 하고 있습니다.

"봄에 심은 작은 씨감자를 하나 심었습니다.
벌써 싹이 나왔어요."
"어, 꽃이 피었어요. 이것이 감자 꽃이에요?"
"오늘은 보물을 찾으러 가요. 와~! 감자가 엄청 많아요."

"고구마는 뿌리도 없는데 어떻게 살아요?"
"와~보라색 고구마 꽃이 너무 예뻐요."
"고구마 줄기로 만든 내 목걸이 어때요?"
"예쁘다!"

네가 만들어갈
아름다운 세상

세상의 모습들을 고스란히 아이가 오감으로 받아들이며 느낄 수 있도록 직접 보고 경험하는 순간들에 집중해서 부모의 따뜻한 목소리와 감정으로 아이에게 이야기해 주는 것은 세상에 대한 기대와 호기심으로 자라납니다.

"우와, 저기 초록색 나뭇잎 봐!
바람이 살랑살랑
나뭇잎이 춤춘다!"

"짹, 짹, 짹!
아가, 예쁜 새가 노래 부른다!
귀여운 소리다."

"햇살이 반짝반짝!
아~ 따뜻하다
우리 아가 얼굴도 햇살처럼 반짝이네."

"와~
알록달록 예쁜 색깔들이 많네!
빨강색, 파랑색..."

"예쁜 꽃이다!
좋은 향기가 나네.
코~킁킁."

"하늘이 파랗다!
구름이 뭉게뭉게
예쁜 하늘이네."

"톡, 톡, 톡,
비가 온다. 시원한 소리다."

　아이들은 태어나면서부터 오감을 통해 모든 것을 부모에게 영향을 받고, 자아가 생기기 시작하면서부터는 자신이 하고 싶은 것들이 생기고, 차츰 성장하면서 자신만의 꿈을 꾸기 시작합니다. 아이들이 자기만의 꿈을 갖는다는 것은, 세상을 살아갈 힘과 방향을 얻는 것으로 아이들에게 꿈에 대해 이야기해 줄 때는 너무 무겁거나 대단한 것으로 포장하기보다는, 아이 스스로가 신나고 즐거워하는 것에서부터 자연스럽게 시작하는 것이 중요합니다.
　"네가 좋아하는 것은 무엇이니?" "꿈은 멀리 있는 것이 아니라, 지금 네가 가장 재미있어하고 신나하는 것에서부터 시작될 수 있단다." "우리 OO이는 그림 그릴 때 제일 신나 보이네?" "블록으로 멋진 걸 만들 때 정말 신나지?" "네가 상상하는 어떤 것이든 꿈이 될 수 있단다."

아이의 관심사를 이야기해주면서 좋아하는 마음이 곧 꿈으로 이어질 수 있음을 알려주고 자유롭게 상상하도록 격려해 줍니다.

"너는 하늘을 나는 자동차를 만드는 사람이 되고 싶을 수도 있고, 동물 친구들의 마음을 이해하는 사람이 되고 싶을 수도 있어. 친구들을 즐겁게 웃게 해주는 사람이 되어도 멋지고! 네가 상상하는 어떤 것이든 꿈이 될 수 있단다." "꿈은 언제든지 바뀔 수 있어. 괜찮아!"

아이들에게 '꿈은 꼭 하나여야 하고 절대 바꾸면 안 돼'라고 하면 오히려 부담을 느낍니다.

꿈은 아이가 자라고 새로운 것을 배우면서 얼마든지 달라질 수 있고, 그것 또한 자연스러운 과정이라고 이야기해 주는 것이 중요합니다.

"지금은 과학자가 되고 싶지만, 나중에 다른 것을 배우면서 요리사가 되고 싶어질 수도 있어. 괜찮아! 네 마음이 이끌리는 대로 가도 된단다."

"그렇지만 꿈을 키우려면 씨앗에 물을 주듯 계속 배우고 노력해야 해."

꿈은 저절로 이루어지지 않는다는 것을 부드럽게 알려주고 꿈이라는 씨앗에 물을 주고 햇볕을 쬐어주듯, 꿈을 이루기 위해서는 배우고 연습하고 노력하는 시간이 필요하다고 이야기해 주세요. "네가 그림 그리는 꿈을 키우고 싶다면, 매일 조금씩이라도 그림을 그려보는 게 도움이 될 거야." "넘어지더라도 다시 일어서면 돼. 엄마·아빠·선생님이 옆에서 응원할게!"

꿈을 향해 가다 보면 어려운 순간도 있을 수 있다는 것을 자연스럽게 이야기해주고, 그때 혼자가 아니라 함께라는 것을 느끼게 해주면 실패하거나 좌절하더라도 용기를 내서 다시 일어설 수 있게 하고, 언제나 네 꿈을 응원하고 도울 준비가 되어 있다는 든든함도 전해주세요.

꿈은 아이의 삶에 활력과 방향을 주는 소중한 나침반과 같아서 아이 스스로가 무엇을 좋아하고 원하는지 탐색하고, 그 꿈을 향해 한 걸음씩 나아가는 과정 자체에서 행복을 느낄 수 있도록 옆에서 따뜻하게 지지하고 격려해 주는 것이 가장 중요합니다.

아이에게 꿈과 더불어 행복한 삶을 이야기해 줄 때는 "행복은 네 마음이 따뜻하고 편안할 때 느껴지는 좋은 느낌이야." "행복은 손으로 만질 수는 없지만, 마음으로 느낄 수 있는 거야."

"엄마·아빠가 꼭 안아줄 때 마음이 따뜻해지는 느낌 들지? 맛있는 거 먹고 기분 좋아지는 느낌이나, 친구랑 신나게 뛰어놀 때 즐거운 느낌! 그런 좋은 느낌들이 다 행복이란다."

"네가 좋아하는 것을 할 때, 그리고 네 주변 사람들이 웃을 때 행복을 느낄 수 있어."

"행복은 네가 좋아하는 활동을 할 때(그림 그리기, 블록 놀이, 노래 부르기 등)나 네가 만든 그림을 보고 엄마·아빠가 기분 좋아하면, 너도 같이 기분 좋아지지? 그게 함께 행복해지는 거야." 혼자서도 자연스럽게 느껴진다고 알려주고, 더불어 다른 사람에게 좋은 일을 해주거나 함께 웃을 때 행복이 커진다고 이야기해 주세요.

"세상에는 작지만 예쁜 것들이 많아. 그런 것을 발견할 때도 행복이란다."

매일매일 우리 주변에 있는 작고 사소한 것들에서도 행복을 찾을 수 있다는 것을 알려주는 것도 중요합니다. "아침에 햇살이 방에 들어올 때 따뜻하고 좋지? 길을 가다 예쁜 꽃을 보거나, 맛있는 밥 냄새를 맡을 때도 행복할 수 있어. 작지만 좋은 것들을 발견하는 것도 행복이란다." 하고 일상 속 작은 행복을 느낄 수 있도록 합니다.

"때로는 슬프거나 힘든 날도 있겠지만, 다시 행복해질 수 있단다."
행복한 삶이 항상 좋기만 한 것은 아니라는 것을 아이의 눈높이에 맞춰 이야기해 주고 때로는 속상하거나 힘든 날도 있겠지만, 그런 감정들도 자연스러운 것이고, 시간이 지나거나 친구, 가족과 함께하면 다시 괜찮아지고 행복해질 수 있다는 회복의 과정이라고 알려주세요.

"넘어져서 아팠지만, 다시 일어나서 걷는 것처럼, 힘든 마음도 시간이 지나면 괜찮아지고 다시 웃을 수 있어." "네가 너 자신을 사랑하고, 주변 사람들을 사랑할 때 행복은 더 커진단다."

아이들이 앞으로 살아갈 세상에 대해 이야기해 줄 때는 너무 어렵거나 무섭게 이야기하기보다는 아이들의 눈높이에 맞춰 밝고 긍정적인 면을 강조하면서도 변화에 대한 유연한 태도를 심어주는 것이 중요합니다.

"앞으로 세상은 지금과는 조금 다를 수도 있어." 세상은 계속 변한다는 것을 자연스럽게 알려주세요. 지금은 없는 새로운 기술이 생길 수도 있고, 사람들이 일하는 방식이나 살아가는 모습도 달라질 수 있다는 것을 말해주면서 변화는 자연스러운 것임을 느끼게 해줍니다.

예를 들어, "네가 어른이 되면 지금 우리 엄마 아빠가 어릴 때랑은 또 다를 거야. 옛날에는 없던 스마트폰으로 이렇게 이야기도 하고, 모르는 것은 인터넷으로 바로 찾아볼 수 있게 된 것처럼 말이야." 하고 비교해서 설명해 줄 수 있습니다.

"새로운 것들이 많이 생겨날 거야. 아주 신기하고 재미있는 것들도!"

변화에 대해 막연한 두려움보다는 기대감과 호기심을 갖도록 이야기해 주는 것이 중요한데 앞으로 과학 기술이 발전하면서 우리 삶을 더 편리하고 즐겁게 만들어줄 신기한 것들이 많이 생길 거라고 이야기해 주세요. "네가 상상하는 로봇 친구가 진짜로 생길 수도 있고, 멀리 있는 친구랑 더 생생하게 이야기할 수 있게 될지도 몰라!" "배우는 것을 멈추지 않으면 어떤 세상에서도 잘 지낼 수 있단다."

앞으로 어떤 세상이 오든 배우는 힘이 가장 중요하다는 것을 강조해 주고 학교에서 배우는 공부뿐만 아니라, 새로운 것을 보면 궁금해하고 왜 그럴까 질문하고 스스로 답을 찾아보는 태도가 아주 소중하다고 말해주세요. "세상이 아무리 변해도, 궁금한 것을 스스로 찾아보고 새로운 것을 배우는 사람은 어떤 어려움도 잘 이겨낼 수 있어!" "친구들과 사이좋게 지내고 서로 돕는 마음도 중요하단다."

미래 사회가 아무리 기술적으로 발전해도 사람과 사람 사이의 관계는 변함없이 중요하다는 것을 알려주고 혼자보다는 함께 힘을 모을 때 더 큰 일을 해낼 수 있고, 서로의 마음을 이해하고 배려하는 따뜻한 마음이 세상을 더 살기 좋게 만든다고 이야기해 주세요.

"네가 하고 싶은 일을 찾으면 너만의 특별한 것을 만들어낼 수 있을 거야."

아이 안에 있는 잠재력과 가능성을 믿어준다는 메시지를 전해주고 "앞으로 세상은 더 다양해질 테니, 네가 무엇을 좋아하고 잘하는지 스스로 탐색해 보고 그걸 발전시키면 너만의 특별한 역할을 할 수 있을 거야." "무에서 유를 창조하는 것처럼" "어려운 일이 생겨도 괜찮아. 우리는 함께 해결할 수 있어."

미래에 어려움이 없을 거라고 거짓말하기보다는, 어려움은 생길 수 있지만 혼자가 아니라 함께라면 잘 이겨낼 수 있다는 믿음을 주는 것이 중요합니다. 아이가 힘들 때 기댈 수 있는 가족이나 친구가 있다는 것을 느끼게 해주고, 스스로 문제를 해결하려는 용기를 심어주세요.

이야기해 줄 때는 딱딱하게 설명하기보다는, 아이와 함께 미래를 상상하며 대화하는 것처럼 편안하게 풀어내는 것이 좋고 동화나 미래 사회를 배경으로 한 이야기 등을 활용하는 것도 도움이 될 수 있습니다. 가장 중요한 것은 아이에게 미래에 대한 긍정적인 마음과 스스로 잘해낼 수 있다는 자신감을 심어주는 것입니다.

"네가 어른이 되면, 세상은 어떻게 바뀔까?

미래는 '변화'하는 것이고 그 변화가 흥미롭고 긍정적인 방향으로 나아갈 것이라는 점을 강조하고 아이가 좋아하는 만화나 영화에 나오는 것처럼, 상상했던 일들이 현실이 될 수도 있다고 이야기해주며 미래에 대한 기대감을 심어주세요.

"지금은 로봇이 청소만 하지만, 나중에는 로봇이 그림도 그리고 노래도 할 수 있게 될지도 몰라!", "하늘을 나는 자동차로 우주여행을 갈 수 있을지도 몰라!"

"그리고 그 멋진 세상을 만드는 사람은 바로 너와 너의 친구들이 될 거야!"

미래는 이미 정해져 있는 것이 아니라, 미래의 주인공인 아이가 스스로가 만들어나가는 것이라는 점을 알려주는 것, 아이가 미래의 수동적인 존재가 아니라, 주체적으로 세상을 바꾸고 만들어갈 수 있는 힘이 있다는 것을 느끼게 해주는 것이 중요합니다.

"네가 지금 배우고 상상하는 모든 것들이 나중에 세상을 바꾸는 데 사용될 수 있단다. 네가 멋진 아이디어를 내고, 친구들과 힘을 합치면 지금보다 훨씬 더 좋은 세상을 만들 수 있을 거야!" "세상에 어려운 일이 생길 때, 네가 가진 착한 마음과 똑똑한 머리로 좋은 해결책을 찾을 수 있을 거야. 친구들과 함께라면 더 잘할 수 있겠지!"

"사람들은 계속 서로 배우고 도와가면서 더 좋은 방법을 찾아낼 거야."

미래 사회가 협력과 배움을 통해 발전한다는 점을 알려주고 AI 같은 기술이 발전해도, 결국 사람들은 서로 소통하고, 지식을 나누고, 힘을 합쳐서 더 나은 세상을 만들어나갈 것이라고 이야기해 주세요.

"엄마 아빠도 모르는 새로운 것들을 네게 배우게 될 거고, 네가 배운 것을 다른 사람들에게 알려줄 수도 있어. 서로 배우고 도우면서 더 좋은 세상을 함께 만들어가는 거야."

"네가 가진 꿈과 따뜻한 마음이 세상을 더 아름답게 만들 거야."

미래 사회의 발전이 기술적인 면에만 있는 것이 아니라, 따뜻한 마음, 친절함, 그리고 꿈과 같은 가치들이 여전히 중요하다고 강조해 주고 아이의 좋은 성품이 미래 세상을 밝게 비출 것이라고 이야기해 주세요. 이야기해 줄 때는 아이의 반응을 살피면서, 아이가 이해하기 어려워하거나 무서워하는 부분은 없는지 확인하고 부드럽게 다듬어주는 것이 필요하고 아이와 함께 미래를 주제로 그림을 그리거나 이야기를 만들면서 자연스럽게 대화하는 것도 좋은 방법이 됩니다.

가장 중요한 것은 미래에 대한 막연한 불안감 대신, 기대감과 스스로 잘해낼 수 있다는 긍정적인 자신감을 심어주는 것입니다.

세계로 나가라
Global Mind

'나는 어떤 사람일까?'
'무엇을 좋아할까?'
'나는 어디에서 왔을까?'

  자신에 대해 알고 자신을 소중하게 생각하는 마음을 갖고 가정이나 국가, 세계 속에서 자기 정체성을 갖는다는 것, 아이들이 자신을 잘 알고 사랑할 때 세상을 살아갈 힘이 생깁니다. 그래서 아이의 눈높이에 맞춰 자기 정체성을 길러주고 아이 스스로가 자신은 세상에 하나뿐인 특별한 존재라는 것을 느끼며, 자신의 감정이나 생각, 그리고 무엇을 좋아하고 잘하는지 스스로 탐색할 기회를 주어야 합니다.

  아이가 기쁠 때 "우리 OO이 지금 정말 기쁘구나! 얼굴에 웃음꽃이 피었네!" 속상해할 때 "아이고, 속상했어? 마음이 슬프구나." 하고 아이가 느끼는 감정을 말로 표현해주면, 자신의 감정을 이해하고 표현하는 법을 배우면서 '나는 이런 감정을 느끼는 사람이구나'

하고 스스로를 더 잘 알게 되고, 아이가 어떤 놀이를 할 때 가장 신나 하는지, 무엇을 할 때 눈이 반짝이는지 주의 깊게 살펴보고 "우리 00이는 그림 그릴 때 색깔을 정말 예쁘게 쓰네!", "블록으로 이렇게 멋진 걸 만들다니 대단한데?"

구체적으로 칭찬하고 격려해 주면 자신이 무엇을 좋아하고 잘하는지 알게 되면서 스스로에 대한 긍정적인 인식을 갖게 됩니다.

아이가 스스로 옷을 고르거나, 놀이를 선택하거나, 먹고 싶은 간식을 고르는 등 작더라도 스스로 결정하는 경험을 하게 해주는 것이 중요합니다. '내가 스스로 결정할 수 있는 힘이 있구나' 하고 느끼면서 아이는 주체성이 길러지고 '나는 이런 것을 좋아하는 사람이구나' 하고 자신에 대해 알아가게 되며, 아이가 어떤 이야기를 하거나 의견을 말할 때 그 내용이 어른의 생각과 다르더라도 일단 끝까지 들어주고 "아, 너는 그렇게 생각했구나. 왜 그렇게 생각했는지 이야기해 줄래?" 하고 질문하며 아이의 생각을 더 들어봐 주면 자신의 생각과 의견이 가치 있다는 것을 느끼면서 자신감을 갖고 '나는 생각할 수 있는 사람이구나' 하고 느끼게 됩니다.

다른 사람과 비교하기보다는 아이가 가진 고유한 모습, 성격, 재능이 얼마나 소중한지 이야기해 주는 것, "우리 00이는 웃을 때 눈이 반달이 되는 게 참 예뻐."

"새로운 것을 보면 그냥 지나치지 않고 꼭 만져보는 호기심 많은 모습이 멋지다!"

'나는 나 자체로 소중하구나' 하는 느낌이 자기 정체성의 가장 중요한 밑거름이 되며, 우리 가족이 어떤 이야기를 가지고 있는지, 어떤 특별한 날들을 기념하는지 등 가족의 역사나 문화를 함께 나누는 것도 아이가 자신이 어떤 배경을 가진 사람인지 이해하고 소속감을 느끼는 데 도움이 될 수 있습니다. 이런 내용들을 통해 아이는 '나는 세상에 하나뿐인 소중한 존재이며, 나만의 생각과 감정, 재능을 가진 사람이구나' 하는 건강한 자기 정체성을 형성하고, 어떤 어려움 속에서도 스스로를 믿고 나아갈 힘을 얻게 됩니다.

'내가 있는 곳은 지금 어디일까?'
'내가 가야 할 방향은 어디일까?'

아이는 스스로의 질문을 통해 한 인간으로, 사회인으로 성장해 갑니다.

아이들이 자신이 속한 공동체에 대한 긍정적인 인식을 갖는 것은 건강한 정체성 형성에도 큰 도움이 되고, 아이들의 눈높이에 맞춰 우리나라에 대한 자긍심을 심어주는 방법들은 딱딱한 주입식 교육보다는 자연스럽고 재미있는 경험을 통해 우리나라의 좋은 점을 느끼게 해주는 것이 중요합니다. 아이가 좋아하는 우리 음식(김치, 불고기, 떡볶이 등)을 함께 만들거나 먹으면서 알려줄 수 있습니다, "우와~ 우리나라 음식 정말 맛있지? 우리 조상님들이 지혜롭게 만드신 거야!"

강강술래, 윷놀이, 제기차기 같은 전통 놀이를 함께 하면서 우리나라 고유의 즐거움을 알게 하거나 한복 입어보기, 전통 음악(국악) 들어보기, 전통 그림이나 공예품 보여주기 등 아름다운 우리 문화를 체험하게 하고 박물관이나 고궁, 한옥 마을에 가는 것도 좋은 방법입니다. 또한 아름다운 산, 강, 바다 등 우리나라의 자연을 함께 여행하거나 느끼는 시간을 가져보세요. "우리나라 산은 정말 멋지구나!", "이 강물은 깨끗해서 물고기들이 살 수 있대. 우리나라 자연은 정말 소중해!"하며 자연을 사랑하는 마음과 우리나라 환경의 소중함을 함께 배우고, 우리나라가 옛날보다 얼마나 발전했고, 어떤 분야에서 세계적으로 인정받고 있는지 아이가 이해할 수 있는 수준으로 이야기해 주면서 "엄마 아빠 어릴 때는 이게 없었는데, 우리나라 사람들이 열심히 노력해서 이렇게 멋진 것을 만들었어!"라고 구체적인 예시를 들어주고 올림픽이나 월드컵 같은 국제 행사에서 우리나라 선수들을 함께 응원하는 것도 자긍심을 느끼게 해주는 좋은 방법이 될 수 있습니다.

과학적으로 만들어져 세계적으로 인정받은 한글의 소중함과 아름다움을 자연스럽게 알려주고, 우리가 한글을 사용해서 소통한다는 것을 반복적으로 이야기해 주며 한글 그림책 읽어주기, 한글 노래 부르기, 이름 써보기 같은 활동을 해 본다면 더 도움이 됩니다.

이 외에도 세상에는 다양한 나라와 문화가 있다는 것을 알려주고, 다른 나라와 우리나라를 단순히 비교하기보다는 우리나라만의 특별한 문화나 장점들을 찾아보고 소중하게 생각하는 태도를 길러주는 것과 '한국인이라서 자랑스럽다'는 메시지를 직접적으로 강요하기보다는, 우리나라의 아름다움과 좋은 점들을 아이 스스로 느끼고 '우리나라 정말 좋구나!' 하고 마음속에서 자연스럽게 자긍심이 피어나도록 돕는 것이 중요합니다.

다음은 우리 아이들이 자기가 태어난 나라에 대한 자긍심을 가지면서 동시에 넓은 세상을 이해하고 포용하는 마음(글로벌 마인드)까지 갖도록 돕는 것도 필요한데, 핵심은 '나'와 '우리나라'를 잘 알고 사랑하는 것에서 시작해서, '다른 사람', '다른 나라', 그리고 '세상 전체'로 시야를 넓혀가는 것이 중요합니다.

박물관, 고궁 방문, 전통 놀이 체험, 한복 입어보기, 맛있는 우리 음식 함께 만들기·먹기, 우리나라 위인 이야기 들려주기 등 우리 문화의 아름다움과 우리 민족의 지혜로움, 역사를 아이의 눈높이에 맞춰 즐겁게 경험하게 해주고, '내가 속한 공동체가 이렇게 멋지구나' 하는 자부심을 느끼게 해주며 우리나라가 과학 기술, 문화(K-팝, 영화 등), 스포츠 등 다양한 분야에서 어떻게 발전했고 세계에 어떤 좋은 영향을 주고 있는지 아이가 이해할 수 있는 수준으로 이야기해 주는 것도 좋고, 우리나라 사람들의 근면함이나 창의성 같은 긍정적인 면모를 알려주면서 '나도 이런 좋은 나라의 일원이구나' 하는 자긍심을 심어줄 수 있습니다.

우리나라의 아름다운 산, 강, 바다 등 자연을 함께 느끼고 소중히 여기는 경험을 통해 자신이 살고 있는 땅에 대한 애착과 자부심을 기를 수 있고, 다른 나라의 동화책 읽어주기, 세계 여러 나라의 음식 맛보기, 다른 나라의 전통 의상이나 음악, 미술 접하기 등 아이가 다양한 문화가 있다는 것을 자연스럽게 알게 해주는 것과 '다르다'는 것이 '틀리다'는 것이 아니라, 세상에는 정말 다양한 사람들이 다양한 방식으로 살아간다는 것을 알려줍니다.

기회가 된다면 다른 나라에서 온 친구나 사람들과 자연스럽게 교류할 기회를 만들어주는 것도 좋고 직접 만나 함께 놀거나 이야기하면서 서로의 문화를 나누고 이해하는 경험이 글로벌 마인드를 키우는 데 큰 도움이 됩니다. 또한 피부색, 사용하는 언어, 생각하는 방식 등이 다르더라도 모두 소중하고 존중받아야 하는 존재임을 일관되게 알려주고 편견 없이 다른 사람을 대하는 태도를 갖게 하는 것도 중요합니다.

우리나라가 다른 어려운 나라들을 돕거나, 세계 평화를 위해 노력하거나, 환경 문제를 해결하기 위해 국제적으로 협력하는 모습 등을 아이의 눈높이에서 보여주고 '우리나라가 우리만의 것이 아니라, 더 큰 세상의 일부로서 좋은 일을 하는구나' 하는 것을 느끼게 해주며, 기후 변화, 가난, 질병 같은 세계적인 문제들에 대해 간단하게 이야기 나누고, 이런 문제들이 우리나라와도 연결되어 있다는 것을 알려줍니다. 그리고 '우리 함께 힘을 모으면 이런 문제들을 해결하는 데 도움이 될 수 있어' 하고 이야기하면서 글로벌 시민으로서의 책임감을 작게나마 느끼게 해주고, 다른 나라 사람들과 소통할 수 있는 도구로서 외국어 학습의 중요성을 자연스럽게 알려주는 것도 글로벌 마인드를 키우는 데 도움이 됩니다.

가장 중요한 것은 강요나 편견 없이 열린 마음으로 접근하며 아이 스스로가 우리 문화를 즐겁게 느끼고 자부심을 가지면서, 동시에 다른 세상에 대해 호기심을 갖고 존중하는 마음을 기를 수 있도록 옆에서 따뜻하게 안내하고 격려해 주는 것이 중요합니다.

우리 아이를 세계적인 인재로 키우려면 어떤 환경에서도 잘 적응하고, 다양한 사람들과 소통하며, 세계적인 인재에게 필요한 능력이나 태도가 어떤 분야에서든 두각을 나타내고 세상에 좋은 영향을 주는 사람이 되도록 해야 합니다.

다양한 배경을 가진 사람들과 소통하고 협력하는 능력, 익숙하지 않은 환경에 유연하게 적응하는 능력, 문제를 분석하고 해결하는 힘과 새로운 아이디어를 내는 힘 (비판적 사고 & 창의력), 실패에도 좌절하지 않고 다시 일어서는 힘 (회복 탄력성), 스스로 배우고 발전하려는 평생 학습 자세, 자신이 하는 일에 대한 책임감과 윤리 의식, 세상에 대한 호기심과 긍정적인 영향을 주려는 마음 등 넓은 세상에 대해 끊임없이 궁금해하고 배우려는 태도가 중요하며 자신이 가진 능력이나 지식을 사용해서 세상을 더 좋은 곳으로 만들고 싶다는 긍정적인 마음가짐이 있을 때 진정한 세계적인 인재가 될 수 있습니다.

　이런 능력과 태도들은 하루아침에 만들어지는 것이 아니라 어릴 때부터 다양한 경험을 하고 부딪치면서 조금씩 길러집니다. 가정과 학교가 함께 노력하며 아이가 넓은 세상을 향한 꿈을 키우고 스스로 발전해 나갈 수 있도록 든든하게 지지해 주고, 다른 사람들과 함께 성장하는 경험을 많이 할 수 있도록 옆에서 응원해 주세요.

5장.
엄마, 아빠는 / ENDLESS LOVE
(부모가 된 우리)

Good Morning

바쁜 아침, 우리 아이가 유치원이나 학교에 짜증 부리지 않고
기분 좋게 갈 수 있다면 얼마나 좋을까요?
엄마도 아빠도 기분 좋게 출근할 수 있을 텐데….

전쟁 같은 아침 시간에 여유롭게 웃으면서 밥을 먹고 서로에게 안녕하며 각자의 길로 가는 것이 왜 그렇게 어려운 것인지…. 아이도 어른도 모두 쉽지 않은 하루의 시작입니다.

이렇게 해 보면 어떨까요?

아이가 다음 날 입을 옷을 미리 골라두거나, 가방을 미리 챙겨 놓으면 아침에 허둥지둥 댈 일이 줄어들고, 아침 식사 메뉴를 정해두는 것 등 아침이 여유로워지면 아이도 부모도 훨씬 덜 스트레스 받고 상쾌하게 시작할 수 있게 됩니다.

시끄러운 알람 소리 대신, 좋아하는 노래를 작게 틀어주거나, 아이의 등을 부드럽게 쓰다듬어주면서 깨워보세요. 아이가 잠에서 깼을 때 밝고 다정하게 인사해 주고 꼭 안아주는 스킨십을 해 주세요.

"우리 OO이~ 좋은 아침이야. 오늘 하루도 신나게 시작해 볼까?"
"오늘 유치원(학교)에 가서 어떤 것을 재미있게 배우게 될까?"
"엄마·아빠가 우리 OO이 많이 사랑해!"

따뜻한 말과 함께 사랑을 표현해주면 아이가 안정감을 느끼고 하루를 긍정적으로 시작할 수 있습니다. 아침에 일어나서 준비하는 동안 아이가 좋아하는 밝고 경쾌한 음악이나 동요를 틀어놓으면 집안 분위기가 훨씬 활기차지고 즐거워집니다.

아이와 함께 자리에서 일어나 기지개를 쭉 켜거나 간단한 스트레칭을 해서 잠자는 동안 굳어있던 몸을 부드럽게 풀어주면서 상쾌한 느낌을 받을 수 있습니다. '아침 체조'처럼 짧은 루틴을 만들어 보는 것도 좋고, 아침에 눈을 뜨자마자 커튼을 활짝 열어 햇볕이 들어오게 하면 햇볕은 잠을 깨우고 몸에 활력을 주는 데 도움이 된다고 합니다.

창가에 서서 햇볕을 느끼며 "햇살이 따뜻하다~ 오늘 날씨 참 좋네!" 하고 이야기도 나누어 보세요.

아이와 함께 앉아 맛있는 아침 식사를 하는 시간은 하루를 든든하게 시작하는 좋은 에너지를 줄 뿐만 아니라, 가족과 함께하는 따뜻한 시간을 통해 정서적인 안정감도 느낄 수 있습니다. 아이가 좋아하는 메뉴에 귀여운 모양을 더해주거나 함께 식사 준비에 참여시키는 것도 좋은 방법이 될 수 있습니다.

유치원(학교)에 가기 싫어하는 아이에게 "유치원(학교) 가면 친구들이랑 신나는 놀이도 할 수 있잖아!"라는 즐거운 일들을 이야기해 주면서 기대감을 높여주고 선생님이나 친구들에 대해 긍정적으로 이야기해 주는 것도 도움이 됩니다.

아이가 옷을 입거나 세수를 하거나 가방을 챙기는 등 스스로 준비하는 과정에 대해 칭찬하고 격려해 주며 "우리 OO이 혼자서도 잘하네! 대단하다!", "다 준비했으니 이제 유치원(학교) 갈 준비 끝이구나!" 하고 아이의 노력과 성취를 알아주면 스스로 할 수 있다는 자신감을 얻고 유치원 갈 준비에 대한 긍정적인 마음을 가질 수 있습니다.

아침에 입을 옷이나 유치원에 가져갈 물건 등 작은 것들에 대해 아이에게 선택권을 주면 스스로 통제하고 있다는 느낌을 받아 아침 준비에 더 적극적으로 참여하게 할 수 있는데 너무 많은 선택지를 주면 오히려 혼란스러워할 수 있으니 두세 가지 중에서 고르게 하는 것이 좋습니다.

아침에 준비하는 동안 아이가 좋아하는 신나는 음악이나 유치원에서 배운 동요를 틀어놓거나 함께 불러준다면 밝은 음악은 아침 분위기를 활기차게 만들고 아이의 기분을 좋게 해주는 효과가 있으며, 유치원 문 앞에서 헤어질 때 울거나 붙잡지 않고, 밝게 웃으며 "재미있게 놀고! 엄마·아빠가 이따가 일 끝나는 대로 빨리 데리러 올게! 사랑해!" 하고 긍정적인 인사를 나누면. 아이가 분리 불안을 느끼지 않고 부모가 다시 올 것이라는 믿음을 갖게 됩니다.

OO아~!
*좋은 아침이야~ ^^*
날씨가 너무 좋지?
오늘은 좋은 일이 생길 것 같아
'오늘은 어떤 재미있는 일이 생길까?'

아침에 너무 조급해하거나 짜증내지 않도록 부모 스스로의 마음을 다스리는 것도 중요합니다. 아침 분위기는 부모의 감정에 크게 영향을 받기 때문에 심호흡을 하거나 긍정적인 생각을 하면서 아침을 맞이하려고 노력하는 것이 필요한데, 이런 노력들이 모이면 아침이 덜 힘들고 아이가 유치원이나 학교에 가는 것을 긍정적으로 받아들이는 데 큰 도움이 되며 매일 똑같을 수는 없겠지만, 대부분의 아침을 기분 좋게 시작하는 연습을 하다 보면 아이도 부모도 점차 익숙해지고 편안해질 것입니다.

바쁜 하루를 보내고 집에 와서 만나는 아이와 좋은 저녁 시간을 보내려면 아이와 부모가 서로의 사랑을 확인하고 하루를 마무리하는 아주 소중한 시간을 만들어야 합니다. 이때는 시간의 길고 짧음보다는, 짧더라도 서로에게 집중하고 긍정적인 에너지를 나누는 것이 좋습니다.

이런 방법도 있습니다. 일터에서의 모습에서 '아이 만나는 부모' 모드로 스위치를 켜는 연습을 한번 해보세요.

집에 들어서기 전 심호흡을 몇 번 하고, 피곤함은 잠시 내려놓고 아이를 만날 생각에 기분 좋은 상상을 하며 현관문을 열고 들어갈 때부터 밝은 표정과 목소리로 "우와! 우리 아가! 엄마·아빠 왔다!" 하고 활기차게 인사하며 아이를 꼭 안아주는 것만으로도 아이는 '왔구나! 반갑다!'는 느낌을 강하게 받을 수 있습니다.

집에 오자마자 바로 집안일을 시작하거나 스마트폰을 보는 대신, 잠깐이라도 아이에게 완전히 집중하는 시간을 갖고, 아이와 눈을 맞추고, 오늘 하루 어땠는지 물어봐 주고(아직 어리다면 아이의 옹알이나 표정에 반응해주고), 아이가 먼저 다가오면 안아주거나 함께 바닥에 앉아 10분이라도 좋으니, 온전히 아이에게만 집중하는 시간을 갖는 것이 중요합니다.

아이가 하루 동안 무엇을 하고 놀았는지, 유치원에서는 어떤 일이 있었는지 재잘거리는 이야기에 귀 기울여주고 아이의 이야기를 다 들은 후에는 부모의 하루 일과도 아이가 이해할 수 있는 간단한 말로 이야기해 주는 것도 좋습니다. "오늘 엄마는 회사에서 그림 그리는 일을 했는데, 예쁜 색깔들을 많이 봤어!" 서로의 하루를 공유하는 것은 유대감을 깊게 해주는 소중한 시간이 됩니다. 거창한 놀이가 아니어도 그림책 한 권 읽어주기, 블록 몇 개 쌓기, 인형 친구들과 짧은 역할극 하기, 함께 신나는 노래 부르기 등 10분~15분이라도 좋으니, 아이와 함께 몸이나 마음을 움직이는 놀이 시간을 갖는다면 놀이는 아이에게 즐거움을 줄 뿐만 아니라 부모와 긍정적인 상호작용을 하는 중요한 기회가 되기도 합니다.

잠자리에 들기 전에 아이를 꼭 안아주고 "오늘 하루도 잘 보냈어. 고마워. 내일 또 즐겁게 만나자! 사랑해 우리 아가."하고 따뜻한 말로 하루를 마무리하거나 책을 읽어주고 자장가를 불러주는 것도 좋은 방법입니다. 이때 잠들기 전 부모에게서 느끼는 사랑과 안정감은 아이의 정서 발달에 매우 중요합니다. 아이가 뭔가 잘못했거나 부모가 피곤해서 짜증이 나더라도, 최대한 감정을 조절하고 긍정적인 톤을 유지하려고 노력하는 것이 중요합니다. 아침과 마찬가지로 저녁 분위기도 부모의 감정에 크게 영향을 받기 때문입니다.

물론 바쁜 부모에게 매일 저녁 완벽하게 하기는 어렵겠지만 이 중에서 한두 가지라도 꾸준히 실천하려고 노력한다면, 아이와 부모 모두에게 따뜻하고 긍정적인 저녁 시간을 만들 수 있으니 짧더라도 질적으로 좋은 시간을 함께 보내보세요.

언제나
사랑해!

> "우리 엄마는 나를 많이 사랑해.
> 나는 알고 있지.
> 우리 아빠도 나를 아주 많이 사랑한다는 것을"

우리 아이에게 부모에게 사랑받고 있다는 느낌을 충분히 알게 해 주는 것이 중요합니다.

아이가 사랑받고 있다고 느끼는 것은 건강한 정서 발달과 행복한 성장에 정말 중요하고, 부모의 사랑 표현은 아이의 마음을 채우는 가장 중요한 에너지원이 되기 때문입니다.

아이에게 사랑받고 있다는 느낌을 주려면, 말로 표현하고, 몸으로 표현하고, 함께 시간을 보내는 것이 가장 기본적이면서도 중요합니다.

이렇게 해보면 어떨까요?

가장 직접적이면서도 강력한 방법으로 하루에도 여러 번, 눈을 맞추고 꼭 안아주면서

"사랑해"
"엄마·아빠는 네가 세상에서 제일 소중하단다"

아침에 눈 떴을 때, 잠자리에 들 때, 헤어질 때, 다시 만났을 때 등 기회가 될 때마다

몸으로 '사랑' 보여주기 (꼭 안아주기)

아기를 꼭 안아주거나 뽀뽀해주고, 머리를 쓰다듬어주거나 손을 잡아주는 등 따뜻한 스킨십은 아이에게 사랑과 안정감을 직접적으로 전달하는 중요한 방법이며 아이가 다가와 안길 때 피하지 않고 충분히 안아주고 토닥여주는 것이 중요합니다. 길지 않아도 괜찮고 하루에 10분이라도 괜찮으니 아이와 함께 있을 때 스마트폰이나 다른 일거리를 내려놓고 아이의 눈을 보며 이야기에 귀 기울여주거나, 아이가 하자는 놀이를 함께 해주세요. '아, 엄마·아빠가 지금 나에게만 집중하고 있구나' 하고 느끼며 아이는 자신이 부모에게 얼마나 소중한 존재인지 알게 됩니다.

아이가 하는 이야기를 "아 그랬구나!", "그래서 어떻게 됐어?" 하고 궁금해하며 들어주고 공감해 주면서 아이의 감정(기쁨, 슬픔, 속상함 등)을 알아주고 "우리 아가 기뻤구나", "마음이 속상했어?" 하고 말로 표현해주고 함께 느껴주는 것도 중요합니다. 자신의 감정과 생각이 존중받는다고 느낄 때 아이는 사랑받고 있다고 느끼게 됩니다.

결과가 완벽하지 않더라도 아이가 무언가를 하려고 노력하는 과정이나 작은 성공에 대해 구체적으로 칭찬해 주고 "혼자 옷 입으려

고 노력했구나, 정말 대단하다!" "블록으로 이렇게 멋진 걸 만들었네! 창의력이 정말 좋구나!"라고 칭찬해주면, 아이는 자신의 능력과 존재 가치를 긍정적으로 인식하고 사랑받는다고 느낍니다. 그리고 아이에게 허용되는 것과 안 되는 것을 명확히 알려주고 지키도록 돕는 것이나 안 되는 것을 안 된다고 단호하게 말해주면서 위험한 상황에서 보호해 주는 것은 '나는 부모에게서 안전하게 돌봐지고 있구나' 하고 느끼게 해서 사랑받고 있다는 느낌을 줍니다.

아이와 함께 깔깔 웃고 신나게 놀면서 즐거운 시간을 보내는 것은 부모와 아이 사이에 긍정적인 정서적 유대감을 쌓는 아주 중요한 방법으로, 행복한 순간들을 함께 경험하면서 아이는 부모와의 관계 속에서 사랑을 느끼고 좋은 추억을 만들어갑니다.

부모도 완벽하지 않다는 것을 인정하고, 아이에게 실수했을 때는 "엄마·아빠가 잘못했어. 미안해."하고 솔직하게 사과하는 모습을 보여주는 것과 부모가 자신의 실수를 인정하고 사과하는 모습을 보며 아이는 자신도 존중받고 있다는 것을 느낍니다.

또한 아이는 관계 속에서 문제를 해결하는 방법을 배우게 되는데, 이때는 모든 방법들을 일관적이고 진심으로 보여주는 것이 중요하고, 매일 완벽하게 할 수는 없겠지만, 꾸준히 아이에게 사랑을 표현하고 아이의 마음을 읽어주려고 노력한다면 아이는 분명 부모에게서 깊은 사랑을 느끼며 건강하고 행복하게 자랄 수 있습니다.

우리 아이의 나쁜 행동을 훈육할 때도 아이가 '아, 엄마 아빠는 나를 혼내는 중이지만 그래도 나를 사랑하는구나' 하고 느끼게 해주며 사랑을 느끼게 해주는 것이 중요한데, 아이의 '행동'과 아이라는 '존재'를 분리해서 이야기하고, 훈육 중에도 아이와의 연결을 끊지 않는 것이라고 느끼게 해 줍니다. 그리고 바로 화를 내거나 혼내기보다는, 먼저 아이에게 다가가 눈을 맞추고 "00아, 엄마·아빠는 우리 00이를 정말 사랑해. 세상에서 우리 00이가 제일 소중해."하고 짧게라도 사랑을 표현해 주고 나서 "그런데 아까 00이가 했던 행동은 위험하거나 다른 사람을 힘들게 할 수 있는 행동이었어." '너를 사랑하지만, 네 행동은 잘못되었단다'라고 메시지를 분리해서 전달해 줍니다.

"너는 왜 이렇게 말을 안 듣니?", "너 정말 나쁘구나."처럼 아이의 성격이나 존재 자체를 비난하는 말은 절대 하지 않는 것이 중요하고, "장난감을 던지는 행동은 위험할 수 있어.", "친구를 때리면 친구 마음이 아플 거야."처럼 잘못된 행동과 그 행동이 가져올 결과에 대해 구체적으로 이야기해 주면 더 쉽게 이해할 수 있습니다. 단순히 "안 돼!" 하고 끝내는 것이 아니라, 왜 그 행동이 잘못되었는지 아이가 이해할 수 있는 간단한 말로 설명해 주고 "장난감을 던지면 장난감이 부서지거나 누가 다칠 수 있어.", "친구가 00이를 때리면 00이 마음이 아픈 것처럼, 친구도 똑같이 마음이 아플 거야."하고 공감할 수 있도록 이야기해 줘서 아이가 잘못된 행동의 이유를 알게 되면 부모의 말이 자신을 위한 것임을 느끼고 더 잘 받아들일 수 있게 됩니다. 그리고 부모가 그 행동 때문에 어떤 감정을 느꼈는지 차분하게 이야기해 주며 "00이가 장난감을 던져서 엄마·아빠는 깜짝 놀랐고 걱정했어."라고 부모의 감정을 알려주면서 자신의 행동이 다른 사람에게 영향을 미친다는 것을 가르쳐줍니다.

특히 아이의 훈육은 잘못된 행동을 멈추게 하는 것에서 끝내지 않고, 대신 어떻게 행동해야 하는지 구체적으로 알려주고 연습시키는 것이 중요합니다. "장난감을 던지고 싶을 때는 엄마·아빠에게

'던지고 싶어요' 하고 말해보자." "친구가 속상하게 했을 때는 때리는 대신 '하지 마'하고 이야기하는 거야."처럼 이렇게 올바른 방법을 배울 때 아이는 혼란스럽지 않고 다음에는 더 잘할 수 있다는 자신감을 얻게 됩니다.

훈육이 끝난 후에는 아이를 다시 꼭 안아주거나, 눈을 맞추고 "이제 엄마·아빠랑 이야기 나눴으니까, 다음에는 더 잘할 수 있을 거야. 엄마·아빠는 항상 우리 OO이를 믿고 사랑한단다." 하고 다시 한번 사랑을 확인시켜주고 훈육의 순간이 지나도 부모의 사랑은 변하지 않는다는 것을 느끼게 해주세요.

한가지 꼭 기억해야 할 것은 어떤 행동은 되고 어떤 행동은 안 되는지에 대한 규칙을 부모가 일관성 있게 적용하는 것이 아이에게는 안정감과 사랑으로 느껴지고, 예측 가능한 환경 속에서 아이는 자신이 안전하게 보호받고 있으며, 부모가 자신을 위해 명확한 기준을 제시해준다고 생각하게 됩니다. 그래서 우리 아이가 잘하고 있는 행동은 더 잘하도록 격려해주고, 동시에 겸손한 마음도 함께 길러주면 아이는 자신감을 갖되 자만하지 않고, 자신의 장점을 잘 알면서도 다른 사람을 존중할 줄 아는 사람으로 자라게 됩니다.

다양한 상황에서 부모가 해 줄 수 있는 말, 이렇게 해보면 어떨까요?

단순히 "잘했어!"보다는 어떤 행동이 좋았는지 구체적으로 이야기해 주고 "친구가 장난감을 가지고 싶어 해서 먼저 나눠주는 모습이 정말 멋졌어!", "색칠 공부를 끝까지 포기하지 않고 열심히 하는 모습이 대단하다!"처럼 아이는 어떤 행동이 좋은 행동인지 명확히 알고 더 자주 하려고 하게 됩니다. 아이가 무언가 잘해냈을 때, 단순히 '잘 한다'고만 칭찬하기보다는 그것을 위해 얼마나 노력했는지를 함께 이야기해 주세요. "매일 조금씩 연습했더니 이렇게 멋진 그림을 그릴 수 있게 되었구나! 우리 00이의 노력이 대단해!", "어려웠을 텐데 포기하지 않고 끝까지 해보는 모습이 정말 자랑스럽다!"처럼 노력의 가치를 알게 해주는 것이 중요하고, 아이가 자신을 세상에서 가장 특별하고 뛰어나다고만 생각하기보다는, 세상에 하나뿐인 소중한 존재라는 것을 느끼게 해주세요. "우리 00이가 엄마·아빠에게는 세상에서 가장 소중한 보물이야.", "네가 가진 착한 마음과 밝은 미소가 세상을 더 행복하게 만든단다."처럼 존재 자체를 사랑한다는 메시지를 전달해 주세요.

아이가 잘하는 것이 있더라도, 다른 친구나 사람들에게도 각자 잘하는 점이 있다는 것을 자연스럽게 알려주면 서로에게 배우고 영향을 주고받는 관계임을 알게 됩니다.

"와! 땡땡이는 달리기를 정말 빠르네. 그런데 지혜는 블록으로 멋진 집을 정말 잘 만드는구나!" "엄마·아빠도 모르는 것을 네가 알려줘서 정말 도움이 됐어. 엄마·아빠도 네게 배우는 점이 많단다." 잘못하거나 실패했을 때 그것을 부끄러워하거나 숨기기보다는, 실수해도 괜찮고 거기서 배우면 된다는 것을 알려주고 "이번에는 이렇게 해보니 잘 안됐네. 그럼, 다음에는 어떻게 해보면 더 좋을까? 실수해도 괜찮아. 배우는 과정이니까." 하며 실패를 성장의 기회로 여기는 태도를 길러주는 것도 중요합니다.

부모 스스로가 자신의 실수나 부족한 점을 인정하고, 다른 사람에게 배우려는 모습을 보이는 것이 아이에게는 가장 좋은 가르침이 됩니다. 부모의 솔직하고 겸손한 태도를 보면서 아이도 자연스럽게 배우게 되고, 이런 노력들을 통해 아이는 자신이 가진 장점을 잘 알고 자신감을 갖게 되며, 그것이 혼자만의 힘으로 된 것이 아니며 세상에는 배우고 존중할 사람들이 많다는 것을 깨닫게 됩니다.

예를 들어 누군가에게 도움을 받거나 선물을 받았을 때 "고맙습니다." 하고 표현하는 것을 생활화하고, 아이가 잘하는 것도 주변 사람들의 도움이나 지지 덕분일 수 있다는 것을 자연스럽게 이야기해 주는 것도 겸손을 가르치는 방법입니다. "네가 이 퍼즐을 다 맞출 수 있었던 건, 옆에서 아빠가 격려해주고 네가 끈기 있게 노력했기 때문이야. 아빠에게 고맙다고 인사해 볼까?" 아이가 스스로를 귀하게 여기면서도 다른 사람과 더불어 살아가는 겸손하고 지혜로운 사람으로 자랄 수 있도록 함께 해 주세요.

아이야,
오늘도 너를 보며 감사한 마음으로
하루일과를 마무리한단다.

잘 놀아줘서 고맙고
잘 먹어줘서 고맙고
울지 않아서 고맙고
잠도 잘 자서 고마워

그리고 떼를 써도 사랑하고
안 먹는다고 투정을 부려도 사랑해

내일도 모레도
엄마·아빠는 항상 너를 사랑해

엄마, 아빠의 Super-power

"우리 엄마는 뭐든지 잘해요."
"우리 아빠는 무엇이든 해결하는 척척박사님이에요."

아이가 생각하는 엄마라는 존재는 세상에 태어나서 가장 처음 만나고, 가장 깊고 본능적인 연결을 맺는 존재이며 아이의 삶에 정말 근원적이고 강력한 영향을 줍니다.

우리 엄마는 세상에서 가장 따뜻하고 안전한 '품', 아기 때부터 엄마의 품은 가장 편안하고 안전한 곳입니다. 배고플 때, 아플 때, 무서울 때, 슬플 때 언제든 기댈 수 있는 든든한 존재고, 아이는 엄마를 통해 세상은 안전하고 나는 사랑받는 존재라는 가장 기본적인 믿음을 형성하게 되면서 아이가 앞으로 세상을 탐험하는 데 필요한 용기의 바탕이 됩니다.

우리 엄마는 내 마음을 가장 잘 아는 '거울', 엄마는 아이의 작은 표정 변화나 소리에도 민감하게 반응하며 아이의 기분이나 욕구를 알아차려 주려 노력하는데 아이는 엄마의 반응을 통해 '아,

내가 지금 이런 감정을 느끼는구나' 하고 자신의 감정을 배우고 이해하게 되며, 엄마가 내 마음을 알아주고 공감해 준다고 느낄 때 아이는 큰 위로와 안정감을 느낍니다.

우리 엄마는 세상과 소통하는 법을 알려주는 '첫 안내자', 아이는 엄마의 목소리, 표정, 몸짓을 통해 언어를 배우고 감정을 표현하는 법과 함께 다른 사람과 관계 맺는 법 등 세상을 살아가는 데 필요한 기본적인 소통 방식을 배우고 엄마와 나누는 상호작용 속에서 세상과 연결되는 방법을 익히게 됩니다.

우리 엄마는 언제나 변함없이 '내 편', 아이가 잘못을 하거나 실수를 하더라도, 엄마의 사랑은 변하지 않는다는 믿음을 아이는 본능적으로 느끼고 힘들 때나 기쁠 때나 언제나 변함없이 나를 지지해주고 응원해주는 가장 든든한 내 편이라는 것을 알게 됩니다.

우리 엄마는 생활의 규칙과 질서를 가르쳐주는 '선생님', 엄마는 아이에게 밥 먹는 시간, 잠자는 시간, 손 씻기, 인사하기 등 기본적인 생활 습관과 규칙을 가르쳐주고, 때로는 안 되는 것을 단호하게 이야기해주기도 하면서 세상에는 지켜야 할 질서가 있다는 것을 가르쳐주는데, 이는 아이가 사회 구성원으로서 성장하는 데 중요한 바탕이 됩니다.

우리 엄마는 따뜻하고 부드러운 '놀이 친구', 엄마와의 놀이는 아이에게 즐거움뿐만 아니라, 엄마와의 유대감을 깊게 하고 긍정적인 정서적 교감을 나누는 중요한 시간이 되고 함께 웃고 이야기하며 놀면서 행복한 추억을 쌓아갑니다. 이렇게 아이가 생각하는 엄마의 존재감은 단순히 자신을 돌봐주는 사람을 넘어, 세상에 대한 첫 경험을 함께하고, 자신의 감정을 배우며, 무조건적인 사랑과 안정감을 느끼게 해주는, 아이에게 삶의 가장 근원적인 바탕이자 심리적인 안전기지 같은 특별한 존재이며 따뜻하고 변함없는 엄마의 사랑은 아이가 건강하고 자신감 있는 사람으로 성장하는 데 가장 중요한 밑거름이 됩니다.

엄마와 같이 아이가 생각하는 아빠라는 존재도 아이의 성장과 발달에 아주 깊고 특별한 영향을 줍니다.

우리 아빠는 든든하고 안전한 '울타리', 아빠는 종종 엄마보다 더 크고 힘센 존재로 느껴질 수 있습니다. 아이는 아빠를 통해 세상으로부터 자신을 지켜줄 든든한 보호자라는 느낌을 받고, 심리적인 안정감을 얻게 되며 아빠가 있다는 것만으로도 왠지 모르게 마음이 편안해지고 세상을 더 안전하게 느낍니다.

우리 아빠는 신나고 재미있는 '놀이 친구', 아빠들은 종종 엄마들보다 더 활동적이고 예측 불가능한 놀이를 할 때가 많고, 높이 들어올리기, 몸으로 부딪치는 놀이, 약간 위험해 보이는 도전적인 놀이 등 아빠와의 놀이를 통해 아이는 새로운 경험과 자극을 받고, 두려움을 극복하며 도전하는 용기를 배우기도 하고, 아빠와 함께하는 시간이 '신나고 재밌는 시간'으로 기억되기도 합니다.

우리 아빠는 세상과 연결되는 '창문', 엄마가 주로 집 안의 세계를 보여준다면, 아빠는 종종 집 밖의 더 넓은 세상과 연결되는 창문 역할을 할 수 있고, 아빠가 일하는 모습, 아빠의 취미 생활, 아빠가 만나는 다양한 사람들 등을 통해 아이는 세상이 얼마나 넓고 다양한지를 간접적으로 배우게 됩니다.

우리 아빠는 성 역할 및 가치관을 배우는 '모델', 특히 남자아이들에게 아빠는 자신이 어떻게 성장해야 할지에 대한 중요한 역할 모델이 되는데 아빠의 행동, 생각, 다른 사람을 대하는 방식을 보면서 남성성이나 사회 구성원으로서의 태도, 가치관 등을 자연스럽게 배우게 되고, 여자아이들에게도 아빠를 통해 남성을 이해하고 건강한 이성관을 형성하는 데 중요한 영향을 줍니다.

우리 아빠는 문제 해결과 다른 시각을 배우는 '안내자', 아빠는 엄마와 다른 방식으로 문제에 접근하거나 해결하는 모습을 보여줄 때가 많고 아이는 아빠를 통해 문제를 다른 각도에서 바라보는 법이나, 다양한 해결 방법이 있다는 것을 배웁니다.

우리 아빠는 칭찬과 인정에 '성취감'을 느끼게 해주는 존재, 아이가 아빠로부터 칭찬받거나 인정받았을 때 느끼는 기쁨과 성취감은 또 다른 의미가 있으며 아빠에게 능력을 인정받고 싶어 하는 마음은 아이가 새로운 것에 도전하고 노력하는 동기가 되기도 합니다.

이처럼 아이가 생각하는 아빠는 단순히 '먹여주고 재워주는 사람'을 넘어, 안전하고 든든한 보호자, 함께 웃고 신나게 놀 수 있는 친구, 세상과 연결되는 안내자, 그리고 보고 배우는 모델로서 아이의 전인적인 성장에 아주 중요한 역할을 하는 특별한 존재라고 할 수 있으며, 바쁜 일상 속에서 아이와 눈을 맞추고, 함께 웃고, 몸으로 놀아주고, 짧게라도 대화하는 시간들을 꾸준히 가진다면 아이는 아빠의 사랑과 존재감을 충분히 느끼며 건강하게 자라게 됩니다.

이처럼 엄마와 아빠 모두 아이의 성장에 각기 다른 중요한 영향을 미치고, 각자의 역할을 서로 보완하면서 아이를 더 건강하게 자라도록 해 주어야 합니다.

그러면 엄마 아빠가 생각하는 우리 아이라는 존재는 어떤 느낌일까요?

엄마 아빠에게 아이라는 존재는 단순히 '자녀' 그 이상이며 한마디로 표현하기 어려울 만큼 복합적이고 깊은 의미를 가지며, 부모에게 아이는 세상에서 가장 큰 '기쁨'과 '행복'으로 아이의 작은 웃음, 옹알이, 재롱 하나하나가 부모에게는 세상 가장 큰 기쁨이고 아이가 건강하게 자라고 행복해하는 모습을 보는 것만으로도 부모는 이루 말할 수 없는 행복을 느껴 아이의 존재 자체가 삶에 밝은 빛이 되고 활력을 가져다줍니다.

부모에게 아이는 삶의 새로운 '의미'와 '목표'가 되며 부모는 아이를 잘 키우고 행복하게 해줘야겠다는 새로운 책임감과 목표가 생겨서 자신의 삶의 의미가 '나'에서 '아이'로 확장되면서 세상을 보는 눈도 달라지고, 아이를 위해 더 열심히 살아야겠다는 강한 동기를 얻게 됩니다.

또한 부모에게 아이는 조건 없는 '사랑'을 배우는 경험을 하게 해 주는데, 아이에게 주는 사랑은 대가나 조건을 바라지 않는 정말 순수하고 깊은 사랑으로, 부모는 아이를 통해 무조건적인 사랑이 무엇인지 몸소 배우고 느끼게 되고, 아이가 아무리 힘들게 하거나 속을 썩여도 부모에게는 미워할 수 없는 존재입니다.

또한 부모에게 아이는 끝없는 '성장'과 '배움'의 기회를 제공합니다. 아이를 키우는 과정은 부모 스스로가 성장하는 과정이며, 인내심을 배우고, 책임감을 느끼고, 아이의 눈높이에서 세상을 다시 바라보며 새로운 것들을 배우며, 아이는 부모를 '투영'하고 '돌아보게' 만드는 존재로 아이가 행동하거나 생각하는 모습을 보면서 자신의 어린 시절을 떠올리기도 하고, 자신이 아이에게 어떤 영향을 주고 있는지 돌아보면서 부모의 모습을 비추는 거울이 되기도 합니다.

그리고 부모에게 아이는 미래에 대한 '희망'과 '연결고리'가 되며 아이는 부모에게 미래에 대한 희망을 느끼게 해주는 존재이고, 자신들이 살아온 삶이 아이를 통해 이어지고, 아이가 살아갈 미래 세상을 기대하며, 때로는 힘들고 어려워도 '소중한 존재'로 아이의 존재 자체가 부모에게 큰 위로와 힘이 되면서 아이가 없는 삶은 상상할 수 없을 만큼 부모의 삶 깊숙이 자리 잡게 됩니다.

이렇게 엄마 아빠에게 아이의 존재감은 삶의 의미와 방향을 제시하고, 무조건적인 사랑과 끝없는 행복을 주며, 동시에 부모 스스로를 성장하게 만들고 미래에 대한 희망을 느끼게 하는, 세상 무엇과도 바꿀 수 없는 가장 소중하고 강력한 존재로서 아이가 있다는 것만으로도 부모의 삶은 완전히 다른 차원으로 풍요로워집니다.

아이야~! 엄마와 아빠의 슈퍼파워는
바로 "너"란다.

부모의 기대와 현실 균형잡기

맞벌이 가정의 어려움에 대하여

나 또한 육아와 직장을 병행하는 직장맘의 생활을 한동안 해 온 터라 가정마다 상황이 달라서 다는 알지 못해도 어느 정도는 알고 있습니다. 신기한 것은 세월이 한참 지났음에도 현실은 그다지 변하지 않았다는 것이고, 그만큼 엄마라는 존재가 가지는 힘이 참으로 대단하다는 생각이 들기도 합니다. 40여 년 전만 해도 육아는 엄마의 몫이었지만 지금은 부모가 함께 육아와 살림을 함께 해나가니 조금은 덜하겠지만 그래도 쉽지 않은 역할임은 분명한 것 같습니다.

맞벌이 가정의 하루 시간은 '금'이 아니라 '마법'이 필요할 만큼 24시간이 부족하게 느껴질 때가 많습니다. 출근 준비부터 아이에게 아침을 먹이고, 등원(등교)시키고, 일터에서 일하고, 퇴근 후 아이 픽업해서 집에 와서 다시 저녁 준비하고, 아이랑 놀아주고, 씻기고, 재우고…. 이렇게 아이를 챙기다 보면 직장맘의 시간은 거의 없게 됩니다. 잠자는 시간을 쪼개는 건 기본이고, 시간을 마법처럼 늘릴 수 있다면 얼마나 좋을까 상상을 해 보기도 합니다.

 일하느라 머리 쓰고 몸 쓰고, 집에 와서는 또 아이 돌보고 집안일하느라 몸을 계속 쓰니 항상 피곤함이 쌓여 있고 잠도 부족하고, 아침에 눈 뜨는 것부터가 쉽지 않을 때가 많아서 '철인 체력'이 필요하다는 생각이 들 정도로 체력은 늘 '방전' 상태가 됩니다.

 회사 일에 집중해서 야근이라도 하게 되면 '우리 아이 저녁은 잘 먹었나?', '엄마·아빠 보고 싶어 하진 않을까?' 하며 아이에게 미안한 마음이 들고, 반대로 아이에게 더 시간을 많이 쓰게 되면 '회사 일을 제대로 못 하는 건 아닐까?', '내 역할에 소홀한 건 아닐까?' 하는 불안감이 들어 마음이 편할 날이 없습니다. 마음 한편에는 늘 '죄책감'이라는 짐이….

 회사 일이 끝나고 집에 도착하면 바로 육아와 집안일이라는 '두 번째 근무'가 시작되고, 아이와 놀아주는 것도 좋지만, 밥 차리고 설거지하고 빨래 돌리고 집 정리하는 일들이 기다리고 있고, 앉아서 편히 쉴 시간은 아이가 잠든 밤늦게나 가능하게 됩니다.

 친구를 만나서 수다를 떨거나, 혼자 카페에 앉아 책을 읽거나, 운동을 하거나 하는 나만의 시간은 거의 꿈같을 때가 많고 나를 위한 시간이 부족해서 몸과 마음이 지치기 쉽고, '나는 대체 언제 쉬나' 하는 생각으로 우울해 지기도 합니다.

 예측 불가능한 '변수'와의 싸움도 있습니다. 아이가 갑자기 아프거나 하는 예상치 못한 변수가 생기면 모든 계획이 틀어지고 정신이 없어지기도 하고, 회사에서의 역할과 엄마로서의 역할을 어느 한쪽에 소홀함 없이 해내려고 아슬아슬하게 균형을 잡으려고 매일 노력해야 하는데 때로는 회사에 양해를 구하거나, 때로는 집안일을 최소화하거나, 가족의 도움을 받거나 하면서 이 균형을 유지하는 것은 정말 큰 도전이 됩니다.

물론 가족의 든든한 지지나 회사 복지, 좋은 돌봄 기관 등 환경적인 요인에 따라 조금씩 다를 수는 있지만 많은 직장맘들의 일상은 이렇게 시간, 체력, 감정적으로 늘 바쁘고, 여러 역할을 동시에 해내야 하는 도전과 노력의 연속입니다. 그럼에도 불구하고 많은 부모들이 사랑하는 아이가 주는 힘으로, 그리고 자신의 일을 통해 얻는 성취감으로 이 바쁜 현실 속에서도 대단한 힘을 발휘하며 하루하루를 살아가고 있으니 정말 존경스럽기까지 합니다.

일과 육아, 완벽하게 '균형'을 잡는 것은 사실 거의 불가능에 가깝지만, 나만의 방식을 찾고 노력하면서 스트레스를 줄이고 아이와 나 자신 모두를 위한 시간을 확보해나가는 것이 중요합니다. 완벽하려 하지 말고, 우선순위를 정하고, 주변의 도움을 적극적으로 활용하며, 나 자신도 돌볼 수 있는 방법을 찾아보는 것이 중요합니다.

이렇게 해보면 어떨까요?

육아도 일도 100% 완벽하게 해내려고 하면 금방 지칩니다. 때로는 일에 더 집중해야 할 때도 있고, 때로는 아이에게 더 많은 시간을 쏟아야 할 때도 있으니, 상황에 따라 우선순위를 유연하게 조절하고, 모든 것을 완벽하게 하지 못해도 괜찮다고 스스로에게 말해주면 어떨까요?

회사에서는 정말 중요한 업무 몇 가지에 집중하고, 집에서는 아이와 교감하는 '질적인 시간'에 집중하고 모든 집안일을 다 하거나 모든 회사 행사에 참여하지 말고, 나와 가족에게 정말 중요한 것이 무엇인지 파악하고 거기에 에너지를 쏟아 보세요.

하루, 일주일 단위로 큰 틀의 계획을 세워두면 조금 더 효율적으로 시간을 사용할 수 있고 출퇴근 시간, 점심시간, 아이가 낮잠 자는 시간 등 짧게 비는 '틈새 시간'을 활용해서 급한 업무를 처리하거나, 잠깐이라도 나만의 시간을 갖는 연습을 하는 것도 도움이 될 수 있습니다.

육아와 집안일은 부부가 충분히 대화하고 역할을 명확하게 나누는 것이 중요합니다. 누가 아이 등, 하원을 시키고, 누가 저녁 준비하고, 누가 아이 숙제를 봐줄지 등을 정해서 서로의 부담을 줄여주고 필요하다면 집안일 일부는 외부에 맡기는 것도 방법이 될 수 있습니다. (예: 식사 배달, 청소 도우미 등) 부모님, 형제자매, 가까운 친구 등 도움을 줄 수 있는 사람들에게 솔직하게 이야기하고 도움을 요청해 보거나, 또는 육아는 '온 마을이 함께 키운다.'라는 말처럼 인근에 어린이집이나 유치원, 학교의 돌봄 서비스, 방과후 활동 등 기관의 도움을 받는 것도 좋은 방법입니다.

회사의 분위기나 정책에 따라 다르겠지만, 필요하다면 상사나 동료와 솔직하게 이야기하고 재택근무나 유연 근무 시간 등 워라밸을 위한 방법을 논의해보거나 가능하다면 회사 문화가 점차 변화하고 있으니 너무 어렵게 생각하지 말고 먼저 이야기를 꺼내보는 것도 생각해 보세요.

아무리 바빠도 아주 짧게라도 나만을 위한 시간을 만들어 차분하게 따뜻한 차 한 잔 마시기, 좋아하는 음악 듣기, 짧은 스트레칭 하기 등 소소한 것들을 해 보세요. 내가 건강하고 행복해야 아이와 일 모두를 잘 챙길 수 있으니, 죄책감을 느끼지 말고 자신을 위한 시간을 내 보세요.

아이가 원하고 필요로 하는 것은 긴 시간보다는 부모가 온전히 자신에게 집중해주는 '질적인 시간'입니다. 매일매일이 도전일 수 있고, 때로는 넘어지기도 하겠지만 포기하지 않고 나만의 균형점을 찾아가려고 노력하는 과정 자체가 중요하다고 생각합니다. 완벽하지 않아도 아이는 엄마 아빠의 노력하는 모습 자체에서도 많은 것을 배우게 되니까요.

부부가 '함께' 육아의 책임과 즐거움을 나누고, 서로를 지지하며, 효율적인 시스템을 만드는 것도 필요한데, 육아와 집안일은 엄마의 역할, 아빠의 역할로 나누기보다는 우리 가족이 함께해야 할 일이라는 공동의 책임 의식을 갖는 것이 가장 중요합니다. 누가 더 많이 하는지 따지기보다는, 서로의 상황과 강점을 고려해서 역할을 나누고 필요하다면 유연하게 대화로 조절하며 해결합니다.

"아침에 누가 아기 깨워서 밥 먹이고 옷 입힐까?", "저녁에 누가 아기 씻기고 누가 재울까?", "주말에 누가 아기 봐주는 동안 누가 장보고 청소할까?"처럼 구체적인 육아와 집안일 분담을 미리 정하고 말보다 가끔은 적어두거나 시간표를 만들어보는 것도 도움이 될 수 있고, 누가 먼저 퇴근하든, 집에 오는 파트너가 바로 '육아 당직'을 서야 한다고 생각하기보다는 잠시 숨을 고를 시간을 주고 "오늘 정말 힘들었겠다. 잠깐 앉아서 쉬고 있어. 내가 아기 볼게." 처럼 서로의 노고를 알아주며 지지해 주는 따뜻한 말이 큰 힘이 될 수 있습니다.

주중이 바빠서 어렵다면 주말에 부부가 함께 아기와 시간을 보내면서 육아의 즐거움을 나누고 같이 산책을 가거나, 집에서 놀아주거나, 목욕을 시키는 등 함께하는 육아 경험이 부부간의 유대감을 깊게 하고 서로의 육아 고충을 이해하는 데도 도움이 됩니다.

맞벌이 가정의 육아는 정말 끊임없는 노력과 소통이 필요한 여정이며 부부가 서로 존중하고 협력하면서 지혜롭게 방법을 찾아나

간다면, 아이에게 사랑을 충분히 주면서 부부 각자의 삶과 공동의 행복도 함께 지켜나갈 수 있을 것입니다.

  부모가 왜 바쁜지 아이의 눈높이에서 설명해주고, 언제 아이와 함께할 수 있는지 '예측 가능하게 알려주고 떼쓰는 '마음'은 공감하되 떼쓰는 '행동'은 안 된다고 알려주기, 감정을 표현하는 '다른 방법'을 가르쳐주고 짧더라도 '질적인 시간'을 충분히 보내기, 스스로 기다리는 연습할 수 있도록 기회 주기, 떼쓰지 않고 잘 기다렸을 때 '크게 칭찬'해주기, 규칙적이고 예측 가능한 '루틴' 만들기 등 이런 노력들은 아이가 부모의 상황을 조금씩 이해하고, 자신의 감정을 조절하며 기다리는 힘을 기르는 것이며 건강한 방법으로 자신의 필요를 표현하는 것을 배우는 중요한 과정이 됩니다.

세상에서 가장 큰 아이

어두운 밤
창밖에 보이는 동그란 달이 보입니다.
아이는 누워서 달을 바라봅니다.

한참 후, 아이는 엄지와 검지손가락으로 달을 잡아 봅니다.
와~ 달에는 누가 살까?
너무 귀여워

우리 아이에게 세상을 밝고 긍정적으로 바라보고, 생각하는 힘을 더 넓고 깊게 키워주면 아이는 긍정적인 시각과 풍부한 사고력으로 앞으로 어떤 세상을 만나든 잘 적응하고 행복하게 살아갈 수 있습니다. 이것은 아이에게 세상의 좋은 면을 보여주고, 스스로 생각하고 질문하며 답을 찾아가는 과정에서 크고 넓게 세상을 바라보고 자신의 세상을 멋지게 만들어 가게 됩니다. 이를 위해 일상생활 속에서 발견하는 작고 좋은 일들부터 아이와 함께 이야기해 보세요.

"와! 오늘 하늘 색깔 정말 예쁘다.", "할머니께서 맛있는 간식을 주셔서 정말 감사했지?" "친구가 넘어졌을 때 00이가 괜찮아? 라고 물어봐 줘서 친구 마음이 따뜻했을 거야." 이렇게 감사함, 친절함, 아름다움 등 긍정적인 면들을 자주 접하게 해주는 것은 부모가 세상을 긍정적으로 바라보는 모습을 보여주는 것이 가장 좋은 교육입니다.

아이가 "왜요?", "이건 뭐예요?" 하고 질문할 때 귀찮아하지 않고 성의껏 대답해주고, 함께 답을 찾아보려는 태도를 보여주는 것과 모르는 것은 함께 찾아보거나 탐색하면서 궁금해하는 것은 좋은 것이라는 인식을 심어주면 호기심이 생각하는 힘을 키우는 가장 강력한 동력이 됩니다. 책, 그림책, 다양한 사람들과의 만남, 자연 탐험, 박물관 방문 등 아이가 경험할 수 있는 세상을 넓혀주는 것과 다양한 이야기를 접하고, 다른 문화를 이해하고, 새로운 환경에 노출되면서 아이는 세상이 얼마나 다채롭고 흥미로운 곳인지 배우게 되면서 생각의 폭이 자연스럽게 넓어지게 됩니다. 그리고 정해진 답을 요구하는 질문 대신, 아이 스스로 생각해서 답을 만들어낼 수 있는 열린 질문을 자주 해 보세요. "주인공은 왜 그렇게 생각했을까?", "만약 너이라면 어떻게 했을 것 같아?", "이 블록으로 뭘 만들 수 있을까?"

이런 질문들은 아이의 생각과 상상력을 자극하고 사고력을 키우는 데 도움이 됩니다.

일상생활에서 만나는 작은 문제들을 아이와 함께 해결해보는 연습은, 장난감이 고장 났을 때 어떻게 고칠 수 있을지 함께 고민하거나, 친구와 다투었을 때 어떻게 화해할 수 있을지 이야기 나누는 것처럼 문제를 분석하고 다양한 해결 방법을 생각하는 과정을 통해 사고력이 길러집니다. 사람들이 모두 다르고, 생각하는 방식도 다를 수 있다는 것을 자연스럽게 알려주고 나와 다른 의견을 가진 사람의 이야기를 들어주며 존중하는 태도를 배우면서 아이는 세상을 더 넓고 포용적으로 바라보게 되고, '다른 생각도 있을 수 있구나' 하고 이해할 때 사고력도 확장됩니다.

그림 그리기, 노래 부르기, 역할극, 만들기, 블록 놀이 등 아이가 자유롭게 상상하고 표현하는 활동을 충분히 하도록 격려해 주면, 창의적인 활동은 아이의 생각하는 힘과 표현력을 키우게 되고, 아이가 실패하거나 어려움을 겪을 때 그것을 부정적으로만 보지 않고, '여기서 무엇을 배울 수 있을까?', '다음에는 어떻게 해볼까?' 하고 긍정적으로 이끌어주면 어려움을 극복하는 과정을 통해 아이는 좌절하지 않고 긍정적인 마음으로 다시 도전하는 힘을 기르게 됩니다.

이런 방법들은 아이가 세상을 두렵거나 부정적으로 보지 않고, 밝고 흥미로운 곳이라고 느끼게 하며 동시에 스스로 생각하고 문제를 해결하는 즐거움을 배우도록 도와주게 되고 아이의 긍정적인 시각과 확장된 사고력은 앞으로 아이가 살아갈 세상을 더 멋지게 만들어갈 힘이 됩니다.

호기심은 아이가 더 큰 세상으로 나갈 수 있는 문과 같은데 이런 호기심을 자극하고 탐구심을 길러주는 놀이와 활동들은 여러 가지가 있습니다.

자연 탐험 놀이, 꼭 멀리 갈 필요는 없어요. 집 앞 공원, 놀이터 옆 화단, 뒷산 등 가까운 자연으로 나가서 아이와 함께 풀, 꽃, 나무, 흙, 돌멩이, 벌레 등을 관찰하면 됩니다.

"이 나뭇잎은 왜 모양이 다를까?", "개미는 어디로 가는 걸까?",

"돌멩이는 왜 딱딱할까?" 하고 아이가 궁금해하는 것들을 함께 살펴보고 이야기 나누고 자연물을 주워 와서 집에서 돋보기로 관찰하거나 그림을 그려보는 것도 좋고, 계절마다 자연이 어떻게 변하는지 이야기 나누는 것도 호기심을 자극하는 활동이 됩니다. 이렇게 자연 속에서 아이는 오감을 통해 다양한 자극을 받고, 살아있는 생명체나 자연 현상을 보면서 끝없는 궁금증을 느끼면서 탐구심을 키울 수 있습니다.

오감 만족 놀이는 물, 모래, 찰흙, 점토, 색깔 물감, 풀잎, 곡식 등 다양한 재료를 만지고 느끼고 섞어보면서 노는 것으로 물감을 섞어 새로운 색을 만들어보거나, 모래와 물을 섞어 촉감을 느껴보거나, 찰흙으로 자유롭게 형태를 만들어보는 등 정해진 틀 없이 자유롭게 탐색하게 해주는 것이 중요하고, "이건 어떤 느낌이니?", "물을 넣으니까 어떻게 변했지?" 하고 아이의 느낌을 말로 표현하도록 이끌어주는 것도 좋은 활동으로 다양한 재료의 특성을 탐색하고 변화 과정을 직접 경험하면서 과학적 호기심과 탐구심을 기를 수 있고, 오감 발달에도 아주 좋은 활동입니다.

간단 과학 실험 놀이는 주방이나 집 안에서 쉽게 구할 수 있는 재료로 간단한 과학 실험을 해보는 것으로 (반드시 어른의 안전한 지도 아래에서 해야 함), 물에 뜨는 것과 가라앉는 것 찾아보기, 식초와 베이킹소다를 섞어 부글부글 반응 관찰하기, 양배추 물들여 색깔 변하게 하기 등 간단하지만 흥미로운 실험들을 해 보며 실험 전에 "어떻게 될 것 같니?" 하고 아이에게 예상해보게 하고, 결과를 관찰하면서 왜 그렇게 되었는지 이야기 나누는 과정에서 원인과 결과를 직접 눈으로 확인하면서 과학적 원리에 대한 호기심과 탐구심, 그리고 예측하고 관찰하는 능력을 기를 수 있습니다.

만들고 부수는 놀이 (블록, 상자, 재활용품 활용)는 다양한 모양과 크기의 블록, 빈 상자, 요구르트병, 휴지심 같은 재활용품을 가지고 자유롭게 무언가를 만들거나 조립하고, 다시 분해해보는 놀이로 쌓고, 연결하고, 부수고, 다시 만들어보면서 형태와 공간, 무게 등에 대해 자연스럽게 배우게 되고, "이 상자로는 뭘 만들 수 있을까?", "이게 왜 이렇게 연결될까?" 하고 이야기 나누면서 아이의 아이디어를 지지해 주는 것이 중요합니다. 이는 구조와 원리에 대한 호기심, 문제 해결 능력, 공간 지각력, 창의력을 기르는 데 아주 좋은 활동입니다.

'왜 그럴까?' 질문 해결 놀이는 아이가 일상에서 궁금해하는 "왜요?", "어떻게 해요?" 같은 질문들을 놓치지 않고, 함께 답을 찾아보는 과정을 즐기면서 백과사전 그림책을 찾아보거나, 간단한 내용을 인터넷에서 함께 검색해보거나, 관련된 영상을 같이 보는 등 정보를 탐색하는 방법을 알려주고 어른도 모든 답을 다 아는 것이 아니라는 것을 알려주며 함께 배워나가는 모습을 보여주는 것입니다. 이는 궁금증을 해결하려는 탐구심과 정보 탐색 능력, 그리고 배우는 즐거움을 길러주고 아이가 스스로 이끌어가도록 지켜봐 주며, 정답을 알려주기보다는 함께 탐색하는 과정을 즐기는 것입니다. 이런 놀이와 활동들을 통해 아이는 세상을 더 흥미로운 곳으로 여기고, 배우는 즐거움을 느끼며 호기심을 잃지 않고 자랄 수 있게 됩니다.

즉, 아이가 자기 생각을 솔직하게 이야기하고, 뭔가 새로운 것을 자꾸 만들어내려고 하는 그런 아이들은 앞으로 어떤 세상을 만나든 자신의 힘으로 문제를 해결하고 세상을 더 풍요롭게 만드는 사람이 될 가능성이 크기 때문에 아이의 눈높이에 맞춰 자기 생각을 표현하고 창의적인 시도를 하도록 돕는 것이 중요합니다.

'작지만 가장 큰 아이'

여기서 '크다'는 것은 키나 덩치가 크다는 뜻이 아니라, 마음이 크고, 생각의 깊이가 있고, 어떤 어려움에도 흔들리지 않는 단단한 내면을 가진 아이, 그리고 세상을 따뜻하게 품을 줄 아는 넓은 아량을 가진 아이를 말합니다. 이렇게 아이의 몸집이 작든 크든, '가장 큰 아이'로 자라게 하는 가장 중요한 것은 아이 내면의 힘을 키워주는 것입니다.

아이가 세상에 하나뿐인 특별한 존재라는 것을 끊임없이 이야기해주고 느끼게 해주는 것이 중요해요. 아이의 외모나 능력보다 존재 자체를 사랑하고 아낀다는 것을 표현해 주고 "우리 OO이는 웃을 때 세상이 환해지는 것 같아. 네가 있어서 엄마·아빠는 너무 행복해."라고 존재 자체에 대한 긍정적인 메시지를 전달하면 자신을 소중하게 여길 때 마음이 단단해집니다.

마음이 크다는 것은 나뿐만 아니라 다른 사람의 마음도 헤아릴 줄 안다는 뜻으로 친구나 가족의 감정에 공감해주고, 어려움을 겪는 사람을 도우려는 마음을 갖도록 이끌어주는 것이 중요해요. 동화나 그림책을 통해 다른 사람의 입장을 생각해보는 이야기를 나누거나, 함께 봉사활동을 해보는 것도 좋은 경험이 될 수 있고 '더불어 사는 삶'의 가치를 알게 합니다.

넘어져도 다시 일어나는 힘, 실패해도 포기하지 않고 배우는 태도가 '가장 큰 아이'에게 꼭 필요해요. 아이가 어려움을 겪거나 실패했을 때 대신 해결해주기보다는, 스스로 방법을 찾아보도록 격려하고 옆에서 든든하게 지지해 주고, "실수해도 괜찮아. 실패는 배우는 기회란다. 여기서 무엇을 배울 수 있을까?" 하고 긍정적으로 이끌어주는 것입니다.

다양한 책을 읽고, 새로운 경험을 하고, 다양한 사람들의 이야기를 들으면서 세상을 넓게 볼 수 있는 시야를 키워주는 것, 그리고 겉모습만이 아니라 그 안에 숨겨진 의미나 본질에 대해 깊이 생각해보는 연습을 하도록 이끌어주는 것과 '왜 그럴까?', '다른 방법은 없을까?' 하고 질문하고 탐구하는 습관을 길러주세요.

옳다고 생각하는 것에 대해 용기 있게 말하고, 자신의 감정을 건강하게 표현하는 것은 내면의 힘을 보여주고 아이가 자신의 생각이나 감정을 솔직하게 이야기할 때 귀 기울여주고 존중하는 태도를 보여주며 부당한 것에 대해 '아니요'라고 말할 줄 아는 용기도 함께 가르쳐주어야 합니다. 겉으로 보이는 것(비싼 물건, 높은 성적)에 매달리기보다는, 정직함, 성실함, 친절함 같은 내면의 가치와 새로운 것을 배우고 경험하는 것의 소중함을 알게 해주고 이런 가치들이 아이의 삶을 더 풍요롭고 의미 있게 만들어준다는 것을 느끼게 해주세요.

아이에게 가르치고 싶은 모습은 부모가 먼저 보여주는 것이 가장 효과적이며, 부모 스스로가 타인을 배려하고, 어려움에 굴하지 않고, 세상을 긍정적으로 바라보는 모습을 아이에게 보여준다면 아이는 자연스럽게 배우게 됩니다.

즉, '작지만 가장 큰 아이'는 물리적인 크기와 상관없이 세상을 따뜻하게 품고 어떤 어려움에도 흔들리지 않으며, 자신의 생각과 가치관으로 세상을 살아갈 줄 아는 단단하고 지혜로운 아이이며, 이런 아이로 자라도록 돕는 것이 부모의 큰 역할이자 희망일 것입니다.

아기의 성장기록 남기기
추억 남기기

　사랑하는 아이의 성장 기록을 남긴다는 것은 정말 의미 있는 일입니다. 아기 때는 하루가 다르게 쑥쑥 자라나고 매일 새로운 모습을 보여주는데, 그 소중한 순간들을 기록해 두면 나중에 아이가 자랐을 때 함께 보면서 큰 추억이 되고 부모에게도 아이가 얼마나 성장했는지 돌아보는 귀한 보물이 될 수 있습니다. 가장 좋은 방법은 사람마다, 또 기록하고 싶은 방식에 따라 다를 수 있는데 사진이나 영상 중심으로 남기고 싶은지, 아니면 감정이나 에피소드까지 자세히 글로 쓰고 싶은지에 따라 달라집니다.

　아기 성장 앨범 (포토 앨범·스크랩북)은 아기의 성장 단계별 사진을 모아서 붙이고, 짧은 글이나 그 시기의 기억들을 함께 적어두는 방법으로 발도장이나 손도장을 남기거나, 아기가 처음 사용했던 물건(배냇저고리 조각, 탯줄 도장 등)을 함께 보관하는 스크랩북 형태로 만들기도 하는데 이는 사진을 보면서 직관적으로 성장을 느낄 수 있고, 직접 손으로 만들면서 부모의 정성을 담을 수 있으며 아날로그 감성이라 시간이 지나도 변치 않는 소중함을 느낄 수 있습니다. 예를 들어 매달 찍은 성장 사진, 기념일 사진, 처음 한 행동 사진 (뒤집기, 앉기, 잡고 서기 등), 좋아하는 장난감, 가족사진 등 시각적인 기록 중심이 있습니다.

육아일기·성장노트는 아기에게 있었던 일, 처음 한 행동, 귀여운 말이나 행동, 부모의 감정 등을 매일 또는 주기적으로 글로 기록하는 방법으로 시중에 나와 있는 육아 일기장이나 노트에 직접 손으로 써도 좋고, 스마트폰 앱이나 컴퓨터 파일로 기록할 수도 있습니다. 아기의 성장과정과 함께 부모로서 느꼈던 감정이나 생각까지 자세하게 남길 수 있고 아기가 자랐을 때 그때의 이야기를 생생하게 들려줄 수 있습니다. 예를 들어 처음 뒤집은 날짜, 첫 웃음, 첫 옹알이, 처음 먹은 이유식 메뉴, 예방접종 기록, 몸무게·키 변화, 부모의 육아 고민이나 행복했던 순간 등이 있습니다.

아기 성장 기록 앱은 스마트폰 앱 스토어에서 '육아 일기', '성장 기록', '수유 기록' 등으로 검색하면 다양한 앱을 찾을 수 있고, 앱 내에서 아기의 수유, 수면, 기저귀 기록부터 성장 마일스톤, 사진, 짧은 메모 등을 간편하게 기록하고 관리할 수 있고, 부부가 함께 기록을 공유할 수 있는 앱도 많습니다. 스마트폰으로 언제 어디서든 쉽고 빠르게 기록할 수 있고, 사진·영상 첨부가 용이하며 데이터가 체계적으로 정리되어 있어서 나중에 찾아보기도 편리하고, 알림 기능으로 수유나 약 먹일 시간을 잊지 않게 도와주기도 합니다.

기록 내용은 수유·수면·배변 시간과 양, 처음 한 행동 날짜 (앉기, 기기, 걷기 등), 첫 단어, 몸무게·키 그래프 변화, 사진·영상, 짧은 일상 메모 등

사진 및 동영상 파일 관리는 스마트폰이나 카메라로 아기의 일상, 특별한 순간들을 사진이나 동영상으로 꾸준히 찍고, 날짜나 주

제별로 폴더를 만들어 컴퓨터나 클라우드에 잘 정리해두는 방법으로 아기의 살아있는 표정, 움직임, 목소리 등을 가장 생생하게 남길 수 있고, 나중에 아이가 자랐을 때 함께 보면서 그때의 기억을 생생하게 떠올릴 수 있으며, 내용은 아기의 표정 변화, 기는 모습, 서는 모습, 걷는 모습, 옹알이, 웃음소리, 가족 행사 영상 등이 있습니다.

SNS 또는 개인 블로그·웹사이트는 비공개 계정으로 인스타그램이나 블로그를 만들어 아기의 사진이나 영상을 올리고 간단한 글을 함께 남기는 방법으로 가족끼리만 공유할 수 있도록 설정해두면 좋고, 기록과 동시에 사진·영상을 공유하기 편리하고, 시간 순서대로 자동 정렬되어 관리가 쉬우며 사진·영상 위주에 간단한 코멘트나 짧은 일기를 남길 수 있습니다.

이처럼 다양한 방법 중 각자의 생각대로 기록을 만들어 보면 아이나 부모 모두에게 좋은 추억이 될 것입니다.

'처음' 하는 순간들 (마일스톤)

아기가 목을 가눈 첫날, 뒤집기를 처음 성공한 날, 혼자 힘으로 처음 앉은 날, 배밀이나 기어다니기를 처음 시작한 날, 가구를 잡고 처음 일어선 날, 첫걸음마를 뗀 날 (넘어져도 괜찮아!), 혼자서 숟가락질을 처음 시도한 날, 처음으로 부모를 보고 활짝 웃은 날, '엄마', '아빠' 같은 첫 단어를 말한 날 (또는 의미 있는 첫 옹알이 소리), 좋아하는 장난감 이름을 처음 말한 날, 색깔이나 동물 이름을 처음 인지하고 말한 날, 낯선 사람에게 처음으로 웃어 보인 날

이렇게 처음 보여주는 아기의 모습들은 아이가 신체적, 언어적, 인지적으로 얼마나 성장했는지 명확하게 보여주는 순간들이라서

꼭 기록해 두면 좋고, 이 외에도 다양한 컨셉으로 기록들을 만들 수 있습니다.

일상 속 '평범하지만 특별한' 순간들

밥을 맛있게 먹는 모습 (입가에 묻은 밥풀까지도!), 낮잠 자는 귀여운 모습 (천사 같을 때), 좋아하는 장난감을 가지고 노는 모습 (어떤 장난감을 좋아하는지), 목욕하며 물장구치는 모습, 햇볕 쬐며 창밖을 바라보는 모습, 새로운 것을 보고 호기심 가득한 표정을 짓는 모습, 부모나 가족과 함께 웃고 눈 맞추는 모습.

이런 순간들은 아이의 '일상'이 쌓여가는 모습이자, 그때그때의 아이의 성격이나 감정, 좋아하는 것을 잘 보여주는 기록이 되며 나중에 '아, 이때는 이런 것을 좋아했구나' 하고 떠올릴 수 있는 좋은 추억의 기록들이 될 것입니다.

신체적인 '변화'를 보여주는 순간들

매달 같은 장소, 같은 옷(또는 비슷한 옷)을 입고 찍는 성장 사진, (아이의 키와 몸집 변화가 한눈에 보임), 손이나 발이 얼마나 자랐는지 보여주는 사진 (작은 발 도장, 손도장 기록), 이유식을 시작하며 입 주변이 지저분해진 모습 (새로운 시기의 시작을 보여줘) 머리카락이 길거나 짧아진 모습, 처음으로 머리를 묶어준 날 등

'감정'과 '관계'를 보여주는 순간들

슬프거나 화났을 때 우는 모습, 엄마, 아빠, 형제, 자매와 꼭 안거나 뽀뽀하는 모습, 친구와 함께 웃거나 어울려 노는 모습, 좋아하는 인형이나 애착 물건과 함께 있는 모습.

이런 순간들은 아이의 정서 발달과 다른 사람들과의 관계 맺는 모습을 보여주고 아이가 어떤 감정을 느끼고 어떻게 표현하는지, 누구와 어떤 관계를 맺고 살아가는지 알 수 있습니다.

기록할 때는 너무 완벽해야 한다는 부담감을 내려놓고 순간의 감정이나 에피소드를 짧게라도 함께 남기면 사진이나 영상만 볼 때보다 훨씬 더 생생한 추억이 될 것입니다.

사랑하는 아이의
신기하고 재미있고 웃기고
잊지 못할
순간, 순간을 포착!
예쁘게 많이 남겨 보세요!

부모가 되는 의미

    부모가 된다는 것은 한 사람의 삶에서 정말 큰 변화이자 특별한 경험으로 단순히 아이를 낳고 기르는 것을 넘어서서, 우리 자신도 함께 성장하고 세상을 다르게 바라보게 되는 새로운 여정입니다. 아이를 처음 품에 안았을 때 느끼는 벅찬 감정, 아이가 아플 때 대신 아파주고 싶은 마음, 아이의 작은 미소 하나에 온 세상 근심이 사라지는 경험…. 부모가 되면 이런 무조건이고 이타적인 사랑이 무엇인지 온몸으로 느끼고 배우게 되고, 내 생명보다 소중한 존재가 생긴다는 것, 그 존재에게 기꺼이 모든 것을 주고 싶어지는 마음, 세상 가장 깊고 조건 없는 '사랑'을 느끼고 주는 것, 이게 부모 사랑의 시작입니다.

    아이의 건강, 안전, 행복, 미래까지 책임져야 한다는 막중한 책임감이 생겨. 내 마음대로 하던 삶에서 아이를 먼저 생각하고 결정하는 삶으로 바뀌고 이 책임감 때문에 힘들 때도 있지만, 동시에 아이를 잘 키워야겠다는 강한 동기 부여가 되기도 합니다. 나보다 소중한 존재를 위해 '책임감'을 배우고 실천하는 것, 이것이 부모의 사랑입니다.

아이를 키우면서 부모는 정말 많은 것을 배우게 되는데, 인내심, 문제 해결 능력, 유연성, 그리고 예상치 못한 상황에 대처하는 능력까지. 아이의 발달단계에 맞춰 새로운 것을 배우고, 시행착오를 겪으면서 부모 스스로도 한 단계 더 성숙하고 성장하는 경험을 하게 됩니다.

부모가 된다는 것은 끝없이 '배우고 성장'하는 기회를 얻는 것, 아마도 아이는 부모의 가장 훌륭한 스승일지도 모릅니다.

아이의 눈높이에서 세상을 다시 보게 되면서, 우리가 당연하게 여겼던 것들이 얼마나 신기하고 아름다운지 다시 느끼게 되고, 아이의 작은 발견에 함께 기뻐하고, 아이가 살아갈 미래 세상을 더 좋게 만들어야겠다는 마음이 커지며 세상에 대한 시야가 훨씬 넓어지고 깊어진다고 할 수 있는, 세상을 '새로운 시각'으로 바라보게 되는 것이 바로 부모입니다.

나만을 위해 살던 삶에서 아이와 함께하는 삶으로 바뀌면서, 인생의 중요한 가치나 목표가 달라지고 아이가 건강하고 행복하게 자라는 것, 아이와 함께 좋은 추억을 만드는 것 자체가 삶의 가장 큰 의미이자 목표가 되며 인생의 '의미'와 '방향'을 다시 설정하는 것, 부모입니다.

부모의 길은 절대 쉽지 않습니다. 육체적으로 힘들고, 마음처럼 되지 않아서 속상할 때도 많지만 아이가 건강하게 자라고, 부모를 보고 웃어주고, 사랑한다고 표현해 줄 때 느끼는 행복과 보람은 그 어떤 힘든 순간도 잊게 만들 만큼 큽니다. 그래서 때로는 힘들고 지치지만, 그 이상으로 '행복'과 '보람'을 느끼는 사람, 부모입니다.

그렇다면 '좋은 부모'는 어떤 부모일까요?

좋은 부모라는 것은 어떤 기준에 맞춰 완벽하게 해내는 것이라기보다는, 아이의 마음을 이해하고 사랑으로 아이를 이끌어주려는 따뜻한 마음과 꾸준한 노력을 하는 사람일 것입니다.

'좋은 부모'가 되기 위해서 꼭 갖춰야 할 마음가짐은, 아이를 '있는 그대로' 사랑하는 마음(무조건적인 사랑)으로 아이가 공부를 잘하든 못하든, 특별한 재능이 있든 없든, 내 기대에 부응하든 아니든, 아이가 가진 모습 그대로를 세상 가장 소중하고 사랑스러운 존재로 받아들이고 사랑하는 마음이고, 아이의 행동이나 성취가 아닌, 아이 자체를 사랑한다는 것을 아이가 충분히 느끼게 해주는 마음입니다.

아이들은 어른처럼 한 번에 배우고 바뀌지 않아서 수없이 반복하고 실수하면서 배우는데, 아이가 넘어지거나 실패하더라도 답답해하거나 화내기보다는, 아이의 속도에 맞춰 천천히 기다려주고 다시 시도할 수 있도록 격려해주는 인내심이 정말 중요합니다. 아이가 왜 그런 행동을 했는지, 어떤 감정을 느끼는지 아이의 입장에서 생각해보려고 노력하는 마음은 아이의 떼쓰는 행동 뒤에 속상함이나 두려움 같은 다른 감정이 숨어 있을 때가 많은데 이때 아이의 마음을 살펴주고 '아, 우리 아가가 지금 이런 마음이구나' 하고 공감해 주는 마음입니다.

세상에 완벽한 부모는 없습니다. 부모도 사람이니까 실수하고 지치고 힘들 때가 있으니 나 자신에게 너무 엄격한 잣대를 들이대고 '완벽한 부모가 되어야 해'하고 스스로를 몰아세우기보다는, 때로는 실수해도 괜찮다고, 최선을 다하고 있다고 스스로를 다독여주는 마음이 중요합니다.

좋은 부모는 아이를 가르치기도 하지만, 아이를 통해 배우는 것도 정말 많아서 아이의 순수한 시각에서 세상을 다시 보고, 예측 불가능한 상황에 대처하는 법을 배우고, 나의 부족한 점을 발견하고 개선하려고 노력하는 등 아이와 함께 계속 성장하려는 마음입니다.

그리고 아이는 내 소유물이 아니라 스스로 생각하고 느끼고 선택할 수 있는 독립적인 인격체라는 것을 항상 기억하는 마음이고 아이의 생각이나 의견을 존중해주고, 스스로 결정할 수 있는 기회를 주면서 아이가 건강한 주체성을 가지고 성장하도록 돕는 마음입니다.

부모가 지치고 불행하면 아이에게 긍정적인 에너지를 줄 수 없고 아이를 사랑하는 만큼, 나 자신의 몸과 마음의 건강도 돌보고, 나만의 시간을 가지면서 에너지를 충전하는 것이 중요합니다. 그래서 부모의 행복이 아이의 행복으로 이어진다는 것을 잊지 않는 마음입니다.

이런 마음가짐들은 하루아침에 저절로 생기는 것이 아니라, 아이와 함께하는 매일의 삶 속에서 끊임없이 노력하고 연습하면서 길러지고, 힘들 때도 있겠지만 아이를 사랑하는 마음을 바탕으로 이런 마음가짐들을 꾸준히 새기며 노력한다면 분명 아이에게 가장 좋은 부모가 되어줄 수 있을 것입니다.

부모의 책임감…. 한 생명을 건강하고 행복하게 키워내야 한다는 그 책임감은 부모가 된 사람만이 느낄 수 있는 무게입니다. 부모의 책임감은 단순히 아이에게 먹을 것을 주고 입을 것을 주는 것을 넘어서, 아이가 몸과 마음 모두 건강하게 자라서 세상에 나아가 스스로 잘 살아갈 수 있도록 돕고 이끌어주는 역할 전반을 의미합니다.

또한 부모가 신체적 안전과 건강을 지키는 것은 위험으로부터 아이를 보호하고, 잘 먹이고, 아플 때 돌봐주는 등 기본적인 생존과 건강을 책임지는 것이고, 정서적인 안정감을 주는 것은 아이에게 unconditional love (무조건적인 사랑)을 주고, 아이의 감정을 받아주고, 든든한 지지자가 되어주면서 마음이 건강하게 자라도록 돕는 것이고, 가치관과 올바른 행동을 가르치는 것은 세상에는 지켜야 할 규칙이 있다는 것, 다른 사람을 배려하고 존중해야 한다는 것 등 아이가 올바른 인성을 가진 사회 구성원으로 성장하도록 가르치는 책임이고, 배움과 성장을 지원하는 것은 아이가 세상을 배우고 탐구하며 자신의 잠재력을 키워나갈 수 있도록 필요한 환경을 마련해주고 격려해주는 역할입니다.

그리고 독립적인 존재로 키워내는 것은 궁극적으로 아이가 부모에게 의존하는 것이 아니라, 스스로 생각하고 판단하며 자신의 삶을 개척해나갈 수 있는 독립적인 어른으로 성장하도록 돕는 책임까지 포함하는데 이런 책임들은 아이가 어릴 때는 생존과 안전에 집중되지만, 아이가 자라면서 정서적, 교육적, 사회적인 부분으로 확장되어 평생에 걸쳐 이어진다고 할 수 있습니다. 하지만, 이 모든 것을 부모 혼자서 100% 완벽하게 해내야 한다는 부담감 때문에 지쳐버리면 안됩니다. 그러기 위해서는 '완벽한 부모'라는 환상 내려놓아야 합니다. 때로는 실수하기도 하고, 지치고 힘들어서 아이에게 100% 에너지를 쏟지 못할 때도 있다면, '나는 충분히 잘하고 있어', '이만하면 괜찮다' 하고 스스로에게 너그러워지는 마음을 가지세요.

아이에게 중요한 것은 완벽한 부모가 아니라,
사랑으로 함께 노력하는 부모의 모습입니다.

육아는 '혼자' 하는 것이 아닙니다. 부모의 책임은 부부 공동의 책임이고 남편(파트너)과 육아와 집안일을 함께 나누고, 서로의 힘든 점을 이야기하며 지지해 주고 가능하다면 부모님, 형제자매, 친구 등 주변 사람들에게 도움을 요청하거나, 아이 돌봄 서비스 등 사회적인 지원을 활용하는 것을 망설이지 마세요.

거창한 목표 달성만이 아니라, 오늘 아침 아이가 떼쓰지 않고 유치원 갈 준비를 잘했다거나, 아이와 함께 웃으며 짧게 책을 읽어 준 것, 맛있는 저녁을 차려준 것 등 작은 성과에도 스스로에게 '잘했어!' 하고 칭찬해 주면, 육아는 마라톤과 같으니, 작은 성취감을 느끼면서 계속 나아갈 힘을 얻게 됩니다. 부모가 지쳐있으면 아이에게 긍정적인 에너지를 줄 수 없으니 죄책감 느끼지 말고 아주 짧게라도 나만을 위한 시간을 꼭 확보해 보세요. 소소한 것들이라도 좋으니 시도해 보시면서 내가 행복해야 아이도 행복하다는 것을 기억해 주세요.

또한 부모의 책임은 아이를 만들어내는 것이 아니라, 아이가 스스로 가진 잠재력을 펼치고 성장하도록 돕는 것이며 아이가 실수를 하거나 어려움을 겪을 때, '내가 잘못 가르쳤나?' 하고 자책하기보다는 '아, 이 과정을 통해 아이와 내가 함께 무엇을 배울 수 있을까?' 하고 생각한다면 부모도 아이와 함께 성장하는 존재임을 인정하면서 부담이 덜어질 수 있으며, 비슷한 육아 고민을 가진 다른 부모들과 이야기를 나누는 것도 큰 위로가 되고 좋은 정보를 얻는 기회가 되며 '나만 힘든 게 아니구나' 하고 공감하면 스트레스가 해소될 수 있습니다.

그리고 아이가 어떻게 될지 미리 걱정하며 불안해하기보다는, 지금 이 순간 아이와 긍정적인 교감을 나누고 사랑을 주며 최선을 다하는 '과정' 자체에 의미를 두는 것이 중요하고, 미래는 예측할 수 없지만, 지금 아이와 쌓는 사랑과 신뢰는 아이의 단단한 밑거름이 됩니다.

이렇게 부모의 책임감은 무겁지만, 동시에 아이를 통해 얻는 행복과 성장의 기회는 그 어떤 것과도 바꿀 수 없을 만큼 크니까 그 무게에 짓눌리지 말고 지혜롭게 부담감을 덜어내면서, 아이와 함께 하는 소중한 여정을 즐길 수 있기를 바랍니다.

오래전 내가 아이였을 때
나를 위해 늘 최선을 다하셨던 나의 부모님

내가 어려움을 느낄 때마다 나보다 더 힘들어하셨고
내게 기쁜 일 생겼을 때는 나보다 더 기뻐하셨습니다.

때로는 사랑으로
때로는 걱정으로
때로는 설렘으로
때로는 기다림과 인내로
함께 해 주시는 그런 부모님이셨습니다.

부모님께서는 저에게 늘
안식처이고 힘의 원천이셨습니다.
지금도 앞으로도

오랜만에 불러보는
"부모님"
존경하며 감사합니다.

그리고 사랑합니다.

엄마, 아빠의
편지

내 작은 세상, 나의 아가에게

어느 날 문득
내게 온 너는 작고 여린 숨결로
내 모든 것을 바꾸었지.

네 작은 손가락이
내 손을 감쌀 때
세상 가장 큰 행복이
이곳에 있다는 것을 알았단다.

네 해맑은 눈망울에 비친 세상은
모든 것이 반짝이고 새로웠어.
네 작은 발걸음이 세상의 첫걸음을 내디딜 때
엄마는 설렘과 걱정으로 너의 뒤를 따랐지.

때로는 아프고 힘들어
밤새도록 보채는 너를 보며
함께 눈물지었지만
네 웃음 한 번에 모든 피로가 녹아내렸어.

네가 자라면서
세상의 좋은 것들만 보고 듣기를
마음껏 웃고 마음껏 꿈꾸기를
엄마는 매일 밤 기도한단다.

이 넓은 세상
때로는 넘어지고 부딪힐 때도 있겠지만
언제나 네 곁에
엄마의 사랑이 함께 할 거야.

두려워하지 말고
네 날개를 활짝 펴렴.
너는 엄마의 세상 가장 큰 선물이고
나의 가장 빛나는 별이야.

사랑한다, 나의 아가.
영원히 사랑한다.
- 사랑하는 엄마가 -

내 작은 영웅, 나의 아가에게

내 아가, 나의 작은 친구야.
네가 처음 이 세상에 온 날,
아빠의 마음은 세상 가장 큰 선물로 가득 찼단다.
네 작은 손을 잡고 아빠는 약속했어,
언제나 네 곁에서
널 지켜주는 든든한 기둥이 되겠다고.

네가 세상을 향해
첫걸음을 뗄 때
아빠의 심장은 쿵쾅거렸어.
넘어질까 걱정도 되었지만,
다시 일어서는 네 용기 있는 모습에
아빠는 더 큰 힘을 얻었단다.

앞으로 네 앞에 펼쳐질 세상은
넓고 알 수 없는 모험으로 가득할 거야.
때로는 즐겁고 신나는 일도 있겠지만,
때로는 힘들고 어려운 일도 있겠지.
하지만 두려워하지 마.

네 안에 있는 무한한 가능성을 믿어.
네가 꾸는 꿈이 무엇이든,
네 마음이 이끌리는 곳으로 용기 있게 나아가렴.

*아빠는 언제나 네 꿈을 응원하고
네 도전을 지지할 거야.*

*힘들 때는 언제든 아빠에게 오렴.
아빠의 품은 언제나 네 안식처이고,
아빠의 어깨는 언제나 네가 기댈 곳이란다.*

*기억하렴,
너는 세상 가장 소중하고 귀한 존재라는 걸.
너는 아빠의 가장 큰 사랑이자 자랑이라는 걸.*

*사랑한다, 나의 아가.
언제나 네 곁에서
널 응원하며 함께 할게.*

- 사랑하는 아빠가 -

에필로그

책의 마지막 장을 덮으며, 우리는 멈추지 않는 시계처럼 흘러갈 우리 아이의 성장과정을 생각해 봅니다. 아이가 세상을 향해 내디뎠던 용감한 첫걸음과 더불어 눈부시게 반짝였던 수많은 첫 경험들. 그 소중한 순간들 속에서 부모로서 아이에게 어떤 세상을 보여주고 어떤 가치를 심어줄 것인지 깊이 고민해 보았습니다.

이것은 부모의 교육 철학에 따른 가치관 형성이 아이의 삶이라는 그림에 가장 중요한 밑바탕이 될 것입니다.

아이들은 태어날 때부터 세상에서 가장 위대한 창조자입니다. 평범한 일상 속에서도 자신만의 이야기를 만들고 스스로 놀이를 통해 우리는 아이의 창의성의 무한한 가능성을 봅니다.

그러나 부모의 양육방식에 따라 무한한 잠재력이 발현되기도 하고 묻히기도 하기 때문에 부모는 아이가 일상생활에서 스스로 계획하고 실행할 수 있는 능력을 가질 수 있도록 길러주는 것이 중요합니다.

딱딱한 공부가 아닌 놀이처럼 학습을 즐길 때 아이는 스스로 배우고 성장하는 기쁨을 알게 되며 정답을 찾는 것에만 몰두하지 않고 거꾸로 정답을 보며 문제를 찾아내는 과정의 훈련을 통해 아이는 다양한 관점으로 세상을 바라보게 되며 틀에 갇히지 않는 유연한 사고력을 기르게 됩니다.

아이는 가정에서 나와 배움의 단체생활을 시작하는 첫 학교, 유치원에서 또래들과 생활하며 자신만의 꿈을 꾸고 세상을 향한 첫 발을 내딛습니다. 때론 넘어지기도 하고 다시 일어나며 실패와 성공을 반복하면서 아이는 자기 주도적 마인드로 스스로의 삶을 펼치게 되고, 자신의 감정을 이해하고 조절할 줄 알게 되면서 바른 인성을 갖고 또래 친구들과 관계를 통해 사회성을 발달시킵니다.

이 과정에서 부모는 아이를 보며 작은 상상력이 세상을 바꿀 수 있다는 것을 알게 되면서 아이의 꿈을 지지하고, 끊임없는 도전과 실패 속에서도 포기하지 않도록 끝없는 격려를 보내주며 문제 앞에서 좌절하기보다 문제해결을 즐길 줄 아는 아이로 성장하도록 이끌어주게 됩니다.

우리는 이 책을 통해 아이가 배운다는 것은 단순히 지식을 쌓는 것을 넘어, 스스로 생각하고 세상과 소통하는 아이로 자라기를 바라는 마음을 나누었습니다. 정해진 답보다는 질문하는 아이가 세상을 바꾼다는 믿음으로 아이의 호기심 가득한 물음표들을 응원했고, 천진난만하게 잘 웃는 아이의 긍정적인 에너지가 얼마나 큰 힘이 되는지, 그리고 때로는 혼자서도 잘 노는 아이의 내면의 단단함이 스스로 설 수 있는 용기가 됨을 이야기했습니다.

무엇보다 아이의 잠재력을 발현시킬 수 있는 부모의 가르침을 통해 아이는 자신의 꿈을 자신만의 색깔로 채워가며 미래로 나아가게 됩니다.

한가지, 부모는 아이의 옆에서 함께 걸어가든, 뒤에서 따라가든 아이가 가는 방향이 위험하거나 바르지 않은 것이 아니라면 방해하거나 막지 말고 그냥 지지해 주세요.

아이는 부모의 격려와 지지로 멀어도 가깝게 느끼고 비포장 길이라도 용기를 내서 걸어갈 수 있을 것입니다. 그리고 아이는 부모가 기대하는 만큼 크며, 믿어주는 만큼 잘해내면서 스스로 세상을 바꾸는 아이가 될 것입니다.

앞으로 사랑하는 우리 아이들이 마주할 세상은 예측하기 어렵습니다.

하지만 이 책을 통해 우리가 함께 나눈 이야기들이 아이가 어떤 파도 속에서도 흔들리지 않고 자신의 꿈을 향해 나아갈 수 있는 단단한 배를 만드는 데 작은 도움이 되었기를 바라며,

우리 모두의 아이가 살아갈 아름다운 세상, 눈부신 미래를 응원합니다.

끝으로 35년이라는 오랜 시간을 아이들과 함께한 소중한 시간 속에서 마음 깊이 간직해 온, 모든 부모들에게 들려주고 싶었던 이야기들을 이렇게 한 권의 책으로 고스란히 담아낼 수 있음에 감사하고 이 책을 읽어주신 모든 독자님들께 감사드립니다.

특별히 나의 가족, 항상 응원해 주던 남편과 두 아들 부부에게도 고마운 마음을 전합니다.

앞으로 부모가 될 첫째와 둘째 부부의 새롭게 태어날 우리 아이들을 기다리며….

이 책을 읽어주신 모든 이의 친구
김승희 드림